Sven Hedin

Amerika

im Kampf der Kontinente

ARNDT

Titelseite: Unter Verwendung einer Graphik
von Guy Michele, Paris

Bibliographische Information der Deutschen Bibliothek
Die Deutsche Bibliothek verzeichnet diese Publikation in der Deutschen Nationalbibliographie; detaillierte bibliographische Daten sind im Internet über http://dnb.ddb.de abrufbar.

ISBN 10: 3-88741-158-7
ISBN 13: 978-3-88741-158-9

ARNDT-Verlag
Postfach 3603, 24035 Kiel

Gedruckt in Österreich

VORWORT

Schon im Weltkrieg 1914—18 habe ich mit lebhafter Anteilnahme die Einstellung der Vereinigten Staaten von Amerika zu Europa verfolgt. In dem Buch „Sveriges öde“*, das das Verhältnis Schwedens zu den kämpfenden Großmächten behandelt, habe ich zwei Kapitel Amerika gewidmet unter den Überschriften: „Amerika läßt die Maske fallen“ und „Angelsächsische Kriegsziele im Sommer und Herbst 1917“.

Jetzt, 24 Jahre später, ist Präsident Franklin D. Roosevelt dem Beispiel seines Vorgängers Woodrow Wilson gefolgt. Die Vereinigten Staaten haben damit bewiesen, daß sie aus den Erfahrungen des Weltkriegs und des unglückseligen Friedens nichts gelernt haben. Alle erschreckenden Bilder der Vergangenheit haben nicht verhindern können, noch einmal einen Krieg heraufzubeschwören, der den ganzen Erdball umfaßt. Die Frage, warum es nicht möglich war, dieses Unheil zu bannen, habe ich mit gespanntester Aufmerksamkeit studiert und die Entwicklung der Kriegspolitik der USA. unter Roosevelt in diesem Buch niedergelegt.

Ich bin mehrere Male in den Vereinigten Staaten gewesen, nicht nur zu flüchtigen Besuchen, sondern ich habe fast zwei Jahre in dem Lande zwischen dem Atlantischen und dem Stillen Ozean verbracht.

In den Jahren 1923, 1929 und 1932 hielt ich mich monatelang in den Vereinigten Staaten auf. Vorträge über meine Forschungsreisen in Asien führten mich in allen Teilen des Landes mit interessanten Persönlichkeiten zusammen. Unvergeßliche Wochen verlebte ich als Gast der Eisenbahngesell-

* „Schwedens Schicksal“, in deutscher Sprache nicht erschienen.

schaft von Santa Fé am Gran Cañon. In Kalifornien lernte ich die Schönheiten des Yosemitetales kennen, den größten Reflektor der Welt auf dem Mount Wilson und das Lick-Observatorium. In Boston war ich Patient von Dr. Harvey Cushing, einem der größten und bedeutendsten Chirurgen der Welt. Gern denke ich auch an meinen als Sohn schwedischer Eltern in Amerika geborenen Landsmann Vincent Bendix. Durch eine großartige Schenkung ermöglichte er es mir, das Ethnographische Museum in Stockholm auf dem Gebiete lamaistischer kirchlicher Kunst zu dem reichhaltigsten Europas zu machen.

Mit Präsident Theodore Roosevelt kam ich während seines Besuchs in Stockholm im Mai 1910 täglich zusammen. Uns verbanden die gleichen Interessen, und wir sprachen eingehend über Reize und Schwierigkeiten der Entdeckungsreisen. An meiner Auto-Expedition, die ich im Herbst 1933 in Peking ausrüstete, um im Dienst der chinesischen Regierung durch Innerasien nach Sinkiang und wieder zurück nach Nanking zu fahren, zeigte Präsident Franklin D. Roosevelt großes Interesse.

So bin ich durch viele Bande mit Amerika verbunden. Die Rolle, die Präsident und Volk der Vereinigten Staaten in diesem Kriege spielen, beschäftigt mich leidenschaftlich. Denn diese große Auseinandersetzung wird das Gefüge der Welt umgestalten und damit auch den asiatischen Kontinent, um den Arbeit und Gedanken meines ganzen Lebens kreisen.

Stockholm, den 1. Mai 1942

Sven Hedin

1. DIE AMERIKANISCH-DEUTSCHEN BEZIEHUNGEN SEIT ERRICHTUNG DER UNION

Dieses Buch behandelt die Politik des Präsidenten F.D. Roosevelt. Sie geht weit über die Grenzen seines Landes und seines Kontinents hinaus. Roosevelt und die Mitglieder der amerikanischen Regierung haben ungezählte Male betont, daß der Hauptfeind des Landes Deutschland sei. Deshalb beginne ich mit einem Rückblick auf die Beziehungen zwischen den Vereinigten Staaten seit ihrer Errichtung als eigener Staat nach dem Unabhängigkeitskrieg gegen England und Deutschland und den deutschen Staaten, aus denen 1871 das Reich entstanden ist. Es wird offenbar werden, daß Deutschland stets bemüht gewesen ist, mit dem jungen und großen Lande jenseits des Atlantischen Ozeans in Freundschaft zu leben, daß in den Vereinigten Staaten aber seit Jahrhunderten feindliche Strömungen auftraten.

Friedrich der Große, der in Preußen, dem größten der deutschen Länder, während des amerikanischen Unabhängigkeitskrieges regierte, brachte der jungen amerikanischen Republik Verständnis und Wohlwollen entgegen. Die Freundschaft zu Preußen wurde wenige Jahre nach Friedrichs Tode durch einen Vertrag besiegelt, den John Quincy Adams als amerikanischer Gesandter in Berlin mit der preußischen Regierung schloß und während seiner späteren Präsidentschaft pflegte. 1828 traten auch die deutschen Hansestädte in ein festes Vertragsverhältnis zu den Vereinigten Staaten. In den schweren Jahren des amerikanischen Bürgerkrieges von 1861—1865 ist, wie alle amerikanischen Geschichtschreiber bezeugen, der Union und ihrem Präsidenten Lincoln die Freundschaft der deutschen Staaten von Wert gewesen. Während dieser Krise der amerikanischen Union ließ Frankreich unter Napoleon III. die Südstaaten finanziell unterstützen und die Westliche Hemisphäre durch Entsendung von Truppen demütigen, während England durch seinen kurzsichtigen Haß Abraham Lincoln ärgerte. Deutsche Finanzkreise aber unterstützten mit Zustimmung Bismarcks die Sache der Union durch Anleihen.

In den beiden Kriegen, die die Union um ihrer Entstehung und später um ihrer Einheit willen zu führen hatte, machten sich Deutsche um diese Ziele verdient. Ich nenne aus der Fülle der Namen, die sich beim Studium der Geschichte aufdrängen, nur die von General Herkimer, der, als Führer der deutschen Siedler des Mohawk-Tales, im Kampf gegen die Engländer und für Amerika fiel, General v. Steuben als Organisator der Armee George Washingtons und Carl Schurz als Freund und Mitarbeiter Lincolns.

Bei der Gründung des Deutschen Reiches im Jahre 1871 waren die Beziehungen zwischen diesem und den Vereinigten Staaten so ungetrübt wie selten zwischen zwei Ländern. Amerikaner, die später führende Stellungen in Politik und Wissenschaft einnahmen, hatten ihre Studienzeit in Deutschland, vor allem in Göttingen und Heidelberg, verbracht und deutschen Geist und deutsches Wesen in sich aufgenommen. Die Pflege des guten Einvernehmens war ihnen etwas Natürliches.

Den ersten Schatten warf auf das Verhältnis die Tatsache, daß die Vereinigten Staaten in den letzten Monaten des Deutsch-Französischen Krieges Waffen an Frankreich lieferten und daß die Rückgewinnung der deutschen Provinzen Elsaß und Lothringen von manchen Amerikanern öffentlich scharf kritisiert wurde. Es ist zu bedauern, daß sie schon damals keine strikte Neutralität bewahrt haben. Trotzdem wurde Kaiser Wilhelm I. 1872 von den Vereinigten Staaten um seinen Schiedsspruch in einer territorialen Streitfrage gebeten, die zu ihren Gunsten ausfiel. 1874 konnte der amerikanische Botschafter in Berlin, George Bancroft, nach einer Unterredung mit dem

Fürsten Bismarck berichten, daß der Kanzler den Wunsch ausgedrückt habe, „die besonders freundschaftlichen Beziehungen zwischen beiden Ländern zu erhalten“, und daß er diese „mehr kultivieren wolle als solche mit irgendeiner Macht auf dem Erdball“.

In den wirtschaftlichen Beziehungen der beiden Länder trat allerdings in der Folge eine Trübung ein, als die neuerschlossenen Ackerbaugebiete der Vereinigten Staaten Europa und vor allem auch Deutschland mit ihrer wachsenden Produktion so überschütteten, daß Deutschland sich zum Schutze seiner eigenen Landwirtschaft 1879 zur Einführung der Kornzölle entschließen mußte und einige Jahre später, wie übrigens auch andere europäische Länder, zu sanitären Maßnahmen, die die bisher ungehinderte Einfuhr von amerikanischen Viehprodukten begrenzten. Es kam aber nicht zu ernsten Verstimmungen, wie aus einer Rede Bismarcks vom 13. März 1884 bewiesen wird, in der er mitteilte, die deutschen Konsulate in USA. angewiesen zu haben, die Aufrechterhaltung der freundschaftlichen Beziehungen besonders zu pflegen.

Nun war aber bereits die Zeit gekommen, in der die Gestaltung dieser Beziehungen trotz allen guten Willens und aller Beweise der Freundschaft nicht mehr von Deutschland abhing. Die wachsende kontinentale Ausdehnung der Vereinigten Staaten, die Vermehrung ihrer Bevölkerung aus vielen heterogenen Elementen, die Stärkung ihrer wirtschaftlichen Macht erweckten Triebkräfte, die einerseits eine größere Unabhängigkeit von Europa anstrebten, andererseits Europa als bedrohlich ansahen und zu Einmischungen in europäische Angelegenheiten verleiteten. Die Trübungen sind stets hervorgerufen worden — und das ist für die Gegenwart interessant — durch Befürchtungen von Amerikanern, die schon damals die aufkommende Hemisphärenpolitik der Vereinigten Staaten förderten und Gerüchte in Umlauf setzten, daß Deutschland beabsichtige, sie zu stören. Der Verdacht war grundlos, weil sich die Vereinigten

Staaten amtlich strikt an die von Monroe aufgestellten Grundsätze hielten und Deutschland sich überwiegend mit europäischen Problemen befaßte und an Welt- und Kolonialpolitik auch in bezug auf andere Kontinente nur zögernd heranging, es sogar peinlich vermied, sich in Angelegenheiten deutscher Siedler auf südamerikanischem Boden irgendwie einzulassen.

Der nachmalige Präsident Theodore Roosevelt, damals Gouverneur des Staates Neuyork, äußerte trotzdem 1896 starkes Mißtrauen gegenüber Deutschland, dem er zumutete, nach Landbesitz in Südamerika zu trachten, wofür durchaus kein Grund vorhanden war. Als Deutschland 1897 Kiautschou von China erwarb, regte sich wieder der Verdacht in den USA., daß Deutschland danach strebe, fremde Kontinente aufzuteilen, wobei man übersah, daß nicht nur England längst an allen wichtigen Punkten der Welt sich festgesetzt hatte, sondern gerade 1897 besondere Pläne hinsichtlich Chinas verfolgte, und daß auch Rußland im Fernen Osten stärker vorstieß. Aber nicht diese beiden imperialistischen Länder, sondern Deutschland wurde für das Scheitern der vom amerikanischen Staatssekretär John Hay 1899 und 1900 proklamierten „Politik der offnen Tür" in China verantwortlich gemacht.

Während des amerikanisch-spanischen Krieges, 1898, verfolgte Deutschland eine Politik der Nichteinmischung, bis auf die von der Reichsregierung mißbilligte Beteiligung des damaligen deutschen Botschafters in Washington an einer Kollektivdemarche der sämtlichen europäischen Botschafter, die auf die Anregung des britischen Botschafters, Sir J. Pauncefote, zurückging. Auch mit der Entsendung deutscher Kriegsschiffe nach Manila war keine Aktion gegen Amerika geplant. Daß es dabei zu einem Wortwechsel zwischen dem amerikanischen Admiral Dewey und dem deutschen Flaggoffizier kam, wurde in der amerikanischen Presse aufgebauscht, der kleine Vorfall ging in alle amerikanischen Schulbücher als Beispiel dafür über, wie „amerikanische Entschlossenheit deutsche Anmaßung zurückweist". Der deutsche Reichskanzler v. Bülow aber schrieb am 28. Juli 1898 in einer Dienstanweisung an das Auswärtige Amt: „Wir sind aufrichtig bestrebt, die zwischen Deutschland und Amerika entstandenen ebenso grund- wie zwecklosen Mißverständnisse im Interesse beider Länder zu beseitigen. Ein Freundschaftsverhältnis zu Amerika ist für uns von hohem Wert."

Zu einem Konflikt kam es im März 1898, als amerikanische und englische Kriegsschiffe den Hafen Apia auf Samoa beschossen und dabei das Deutsche Konsulat beschädigten. Die ernste Spannung wurde im Dezember 1899 durch den Abschluß eines Teilungsvertrages zwischen Deutschland, den Vereinigten Staaten und England beigelegt.

Leider war der Samoakonflikt nur der Anfang einer Kette von Ereignissen, die in den Vereinigten Staaten zu ständigen Verdächtigungen Deutschlands führten. Das nächste war der sogenannte Venezuelazwischenfall. Während des Bürgerkrieges in Venezuela zwischen 1898 und 1900 hatten deutsche, amerikanische und englische Siedler und Handelsgesellschaften schwere Schäden erlitten. Die deutsche Regierung entschloß sich daher Ende Dezember 1901 zur Blockade, nachdem sie sich durch ihren Botschafter von Holleben vergewissert hatte, daß eine Blockade der Häfen Venezuelas von seiten der Vereinigten Staaten keinen Widerstand finden würde, und nachdem die englische Regierung hatte durchblicken lassen, daß sie mit Deutschland gemeinsam vorzugehen bereit sei. Deutschland und England richteten an die Regierung Venezuelas gemeinsam ein Ultimatum, und deutsche und englische Schiffe bombardierten nach erfolglosem Ablauf der Frist ein venezolanisches Fort und versenkten einige venezolanische Kriegsschiffe. Darüber war man in Washington sehr verstimmt, und diese Verstimmung richtete sich fast ausschließlich gegen Deutschland und sah in dem deutschen — nicht im englischen — Vorgehen eine Verletzung der Monroedoktrin. Immerhin gab es damals einige kenntnisreiche und vernünftige Amerikaner, die eine klarere Ansicht äußerten. So schrieb der Botschafter Andrew White in seiner Autobiographie, daß die Monroedoktrin in keiner Weise verletzt worden sei, und fügte hinzu: „Die Vereinigten Staaten waren ebensowenig bedroht wie der Planet Saturn." Über die spätere Einigung zwischen Deutschland, England und Venezuela freute sich selbst Präsident Theodore Roosevelt. Trotzdem waren damals in der amerikanischen Hetzpresse, die es auch schon zu Anfang dieses Jahrhunderts gab, die Ausdrücke aufgetaucht, die später zu einem täglichen Gebrauchsgegenstand werden sollten, wie „schamlose Hunnen" und ähnliche Bezeichnungen, und die gleiche Presse drückte in den ihr heute besonders geläufigen Wendungen ihr Bedauern darüber aus, daß das „Land Kants und Goethes" so tief gesunken sei.

Zu einer weiteren unberechtigten Verstimmung gegen Deutschland führte in den Vereinigten Staaten neben der immer wieder auftauchenden Behauptung, daß die deutschen Siedler in Brasilien nur den Stoßtrupp für ein späteres Fußfassen Deutschlands in Südamerika bildeten, auch der Fall Dänisch-Westindiens. 1866 hatte die amerikanische Regierung die Dänisch-Westindischen Inseln von Dänemark kaufen wollen. Der Kaufvertrag wurde aber vom Senat in Washington nicht ratifiziert. 1902 machte die Regierung einen erneuten Versuch, und der Vertrag wurde diesmal von der Ersten Kammer in Kopenhagen verworfen. Sofort tauchte in der amerikanischen Presse der Verdacht auf, Deutschland habe in Kopenhagen intrigiert, weil es selbst nach dem Besitz der Inseln strebe, um von ihnen aus den zukünftigen Panamakanal zu beherrschen. Das war nichts als ein Märchen, wurde aber in der Folgezeit immer wieder hervorgeholt, wenn man die amerikanische Öffentlichkeit gegen Deutschland beunruhigen wollte. Der amerikanische Historiker Charles Tansill hat in seinem 1938 erschienenen Buch „America Goes to War" darüber gesagt:

„Diese Legende wurde von amerikanischen Beamten für Wahrheit gehalten und half dazu, die feindliche Einstellung Amerikas gegen Deutschland zu stärken."

Auch Kaiser Wilhelm II. war, wie Bismarck, ein Freund der Vereinigten Staaten und ein Feind jeder Einmischung in die Angelegenheiten der Westlichen Hemisphäre. Hierfür legt Zeugnis ab u. a. seine Randbemerkung zu einem Bericht des Reichskanzlers v. Bülow über einen Vorschlag des Präsidenten der Dominikanischen Republik, Deutschland solle auf dem Gebiet von San Domingo eine Flottenstation errichten. Die charakteristische kaiserliche Randbemerkung lautete: „Auf die Anregung aus Haiti falle ich nicht herein, will mich nicht mit den Vereinigten Staaten entzweien." Der Kaiser sandte 1902 sogar seinen Bruder, den Prinzen Heinrich, mit dem Auftrag in die Vereinigten Staaten, den Amerikanern zu sagen: „Deutschland will auf der ganzen Westlichen Hemisphäre Frieden und gute Freundschaft mit den Vereinigten Staaten." Die Mission blieb leider ebenso erfolglos wie andere freundschaftliche Gesten des Kaisers, weil der damalige Präsident Theodore Roosevelt von einem ebenso unbegründeten wie tiefen Mißtrauen erfüllt war, das sich auch besonders in der Marokkokrise zeigte. Während dieser hatte Roosevelt amtlich erklären lassen, daß die Vereinigten Staaten in Marokko keine Interessen hätten und daß er persönlich keine Lust habe, zwischen Frankreich und Deutschland zu wählen, vertraulich hatte er aber seinem Botschafter White eine Instruktion geschickt, die mit den Worten schloß: „Wenn wir auch freundlich zu Deutschland stehen und bleiben wollen, halten wir es doch für den Frieden der Welt und daher für die Interessen der Vereinigten Staaten am besten, wenn die Entente Cordiale zwischen England und Frankreich befestigt wird." Auch die Marokkokrise von 1911 führte zu einer neuen Pressehetze gegen Deutschland, obwohl die Amtszeit des Präsidenten Taft von 1909 bis 1913 für die amerikanisch-deutschen Beziehungen im allgemeinen günstig war. Aber die Politik bewegte sich leider doch in der Linie, das Bündnis zwischen England und Frankreich zu begünstigen, das wesentlich gegen Deutschland gerichtet war.

Damit sind wir zeitlich dem Ausbruch des ersten Weltkriegs nahe gekommen. Die Kriegs- und Nachkriegszeit wird in den folgenden Kapiteln ausführlich behandelt werden. Hier möchte ich zeitlich vorgreifen und, um die Darstellung des nur amerikanisch-deutschen Verhältnisses abzurunden, gleich einige Worte über die Zeit zwischen dem ersten und zweiten Weltkrieg folgen lassen.

Trotz der Teilnahme der Vereinigten Staaten am ersten Weltkrieg und trotz der grausamen Enttäuschung über Wilson, auf dessen Versprechungen hin das deutsche Heer die Waffen niedergelegt hat, ist von Deutschland aus gesehen eine rasche Aussöhnung erfolgt. Die Hauptgründe dafür waren die großzügigen Hilfsaktionen der Deutschamerikaner, der Quäker und anderer Wohlfahrtsverbände für die durch die britische Blockade unterernährten Kinder und Alten in Deutschland und auch das, von Ausnahmen abgesehen, mustergültige Verhalten der amerikanischen Besatzungstruppen im Rheinland. Daß die Amerikaner in Koblenz sich gegen die französischen Absichten wandten, das Rheinland nicht nur über die vertraglich vorgesehene Frist hinaus besetzt zu halten, sondern es durch die von ihnen mit allen Mitteln unterstützte Separatistenbewegung zum Abfall vom Vaterland zu bringen, hat man in Deutschland ebensowenig vergessen wie die Verurteilung des französischen Ruhreinfalls durch Amerika. Daß die amerikanischen Truppen vor dem festgesetzten Zeitpunkt aus dem Rheinland abrückten, während die Engländer und vor allem die Franzosen sich nur schwer zu Verhandlungen über die Räumung bereitfanden, ist gleichfalls dankbar anerkannt worden. „My Rhineland-Journal“ von General Allen, dem amerikanischen Oberkommandierenden in Koblenz, ist bald ins Deutsche übersetzt und viel gekauft worden. Es gilt mit als

Quelle für manche Geschichtsdarstellung über die schwere Besatzungs- und Separatistenzeit.

Auf der andern Seite ist es allerdings in Deutschland auch unvergessen geblieben, daß die beiden Reparationspläne, deren Durchführung den Rest des deutschen Volkseinkommens vernichtet und jeden wirtschaftlichen Wiederaufbau erstickt hätte, die Namen von zwei Amerikanern, Dawes und Young, trugen.

Die ersten Erleichterungen in den Reparationsverpflichtungen sind dann aber wieder mit dem Namen des amerikanischen Präsidenten Herbert Hoover verknüpft, der schon durch seine Hilfstätigkeit während und nach dem Kriege großes Ansehen genoß. Auch die Namen amerikanischer Botschafter in Berlin, besonders Mr. Houghton und Dr. Schurmann, habe ich von Deutschen immer mit besonderer Achtung nennen hören.

Als man in Deutschland hörte, mit welcher Brutalität Amerikaner deutscher Abstammung während des ersten Weltkriegs im Lande ihrer Wahl behandelt wurden, selbst wenn sie diesem Lande rückhaltlos die Treue hielten, wurde das zwar bedauert, aber als inneramerikanische Angelegenheit betrachtet. Das Bestreben aller deutschen Nachkriegsregierungen ging auf baldige Wiederherstellung guter Beziehungen. Schon bald nach Ende des Weltkriegs wurde der Austausch von Professoren und Studenten zwischen den Vereinigten Staaten und Deutschland wiederaufgenommen; dadurch wurden gegenseitig Achtung und Verständnis gefördert. Als die großen deutschen Schiffahrtslinien ihren abgelieferten Schiffspark durch einige Neubauten ersetzt hatten, reisten die Amerikaner mit Vorliebe auf diesen Schiffen, die ihnen Behaglichkeit und Sicherheit verbürgten. Auf allen Gebieten schlossen sich die Wunden, und ein neues Vertrauensverhältnis schien sich anzubahnen.

2. DIE VEREINIGTEN STAATEN UND DEUTSCHLAND IM ERSTEN WELTKRIEG

Zu Beginn des Weltkriegs hielten sich die Vereinigten Staaten trotz innerer Anteilnahme großer Bevölkerungsteile für die eine oder andere Seite zunächst vorsichtig zurück. Die Lehre des ersten großen Präsidenten, George Washington, daß das Land sich von allen fremden, insbesondere europäischen Verwicklungen fernhalten müsse, um seine amerikanische Aufgabe lösen zu können, war zum Bestandteil des amerikanischen Wesens geworden. Der letzte Anlaß zum Ausbruch des ersten Weltkriegs, die Ermordung des österreichischen Thronfolgers durch einen serbischen Studenten, war für Amerika kein Grund, sich bedroht zu fühlen. Warum die Angelegenheit nicht friedlich oder, wenn das nicht möglich war, durch eine kurze kriegerische Auseinandersetzung zwischen den allein beteiligten beiden Staaten beigelegt wurde, sondern Deutschland Österreich zu Hilfe kam, Rußland und seine Verbündeten, England und Frankreich, aber dem kleinen Serbien, hat die Mehrzahl der Amerikaner gar nicht verstanden. Wohl aber verstanden sie, daß nun der Beweis erbracht war, daß Bündnisse und Abkommen zwischen Staaten dazu führen können, Länder in Kriege zu verwickeln aus Gründen, die dem einzelnen Mitgliedsstaat ganz fernliegen. Diese Erkenntnis ließ die Amerikaner die Weisheit George Washingtons um so höher schätzen.

Aber schon nach den ersten Kriegsereignissen begann eine Gruppe für das Eingreifen Amerikas zu werben. Der Durchmarsch deutscher Truppen durch das neutrale Belgien bot die Handhabe dazu, und es gelang wirklich, viele Amerikaner gegen Deutschland einzunehmen. Sie wußten nichts von den geheimen Abmachungen, die lange vor dem Kriege zwischen

Belgien und Frankreich und England getroffen worden waren und von denen Rußland Kenntnis hatte. Später konnte man das alles lesen in den vielen auf genauestem Studium aller Dokumente beruhenden Büchern amerikanischer Wissenschaftler. Damals aber nahmen die Amerikaner für bare Münze, was die Alliierten in ihrer Presse und durch ihre Propagandareisenden behaupteten. Deutschland hatte keine Möglichkeit, direkte Nachrichten nach Amerika gelangen zu lassen, denn seine Überseekabel waren in den ersten Kriegsstunden von den Feinden durchschnitten worden, den Rundfunk gab es noch nicht, Deutsche konnten nicht nach Amerika reisen und aufklären, und den amtlichen deutschen Stellen glaubte man nicht.

Wie verhängnisvoll die Propaganda für den Kriegseintritt der Vereinigten Staaten arbeitete, ist denen, die ihr zum Opfer fielen, zunächst gar nicht zum Bewußtsein gekommen. Erst nach dem Kriege wurde es ihnen klar, als die Methoden der britischen und in zweiter Linie der französischen und belgischen Propaganda aufgedeckt wurden. In einer wissenschaftlichen Untersuchung, die erst 1938 erschien, wurden sie von Professor Petersen von der Universität Oklahoma ausführlich geschildert. Besondere Verdienste erwarben sich britische Liberale und Friedensfreunde mit Büchern, in denen sie diese Propaganda bloßstellten, wie E. D. Morel in „The Poison That Destroys“, Lord Ponsonby in „Lies in Wartime“, Sir Philip Gibbs in „Now It Can Be Told“.

Die Geheimnisse des Crew House wurden ebenso preisgegeben wie die Sir Gilbert Parkers, des englischen Propagandachefs für Amerika. Der britische General Charteris amüsierte sich selbst darüber, daß die ganze antideutsche Welt auf seine eigentlich nur für die Chinesen erfundene Geschichte von der Verwertung deutscher Soldatenleichen zur Fettgewinnung hereingefallen war. Als man wieder nach Europa und Belgien reisen konnte, stellte man durch Augenschein fest, daß man nirgends Kinder ohne Hände fand. Während des Kriegs hatte man die

Greuelmärchen bedenkenlos geglaubt. Der amerikanische Schriftsteller Theodore Dreiser erwähnt sie in seinem neuen Buch „America Is Worth Saving": „Jede Zeitung tischte uns Geschichten über die ‚Hunnengreuel' in Belgien auf, daß es uns kalt den Rücken herunterlief, während die deutschen Verteidigungsartikel kaum abgedruckt wurden, aus dem einfachen Grunde, weil unsere Zeitungen Angehörigen der britischen Fünften Kolonne gehörten. Fünf bedeutende amerikanische Zeitungsleute, darunter Irvin Bobb und Harry Hansen, hatten gemeinsam ein Telegramm an die Associated Press gesandt, in dem sie mit ihrer Berufsehre dafür einstanden, daß sie, während sie dem deutschen Heere durch Belgien gefolgt waren, nicht einen einzigen Fall von unprovozierten Repressalien gesehen hätten und daß sie zahlreichen Greuelnachrichten nachgegangen wären, diese aber sämtlich als unbegründet feststellen mußten. Es war vergebens. Die englische Fünfte Kolonne mußte uns etwas vorsetzen, um unser Blut in Wallung zu bringen und unsern Zorn zu reizen. Ob es auch nur die mindeste Ähnlichkeit mit der Wahrheit hatte, war gänzlich unwichtig." Dreiser erwähnt anschließend noch, John T. Flynn habe festgestellt, daß „die Engländer 150 Millionen Dollar aufgewandt hätten, um uns in den Weltkrieg zu hetzen, und daß sie dies Geld für gut angelegt hielten".

Der Propagandaapparat unterstützte tatkräftig die schon in den ersten Tagen nach Ausbruch des Kriegs begonnenen Bemühungen der Alliierten, die Vereinigten Staaten in den Krieg einzubeziehen. Trotzdem konnte die Wiederwahl des Präsidenten Wilson noch unter dem Motto „Er hat uns aus dem Krieg herausgehalten" vor sich gehen. Im April 1917 aber war es dann so weit, daß Präsident und Kongreß mit Zustimmung der Mehrheit des amerikanischen Volkes Deutschland den Krieg erklärten, nachdem die deutsche staatliche und militärische Führung einige Fehler begangen hatte, die ihnen den Rest der Sympathien eines Teils des amerikanischen Volkes nahmen. Die Kriegsgegner im Volk und der Volksvertretung wurden niedergestimmt und in einer Weise geächtet, wie sie in einem Lande wundernimmt, das so großen Wert auf die freie Meinungsäußerung legt.

Präsident Wilson bemühte sich gleichzeitig, die neutralen Staaten zu veranlassen, den Mittelmächten ebenfalls den Krieg zu erklären. Die Erinnerung an diese Bemühungen den Neutralen ins Gedächtnis zurückzurufen, ist ratsam angesichts der Maßnahmen seines Nachfolgers im jetzigen Weltkrieg.

Am 6. Februar 1917 wurde von Washington nach Paris telegraphiert, daß Wilson „heute eine Aufforderung an alle neutralen Länder absenden werde, sich dem von den Vereinigten Staaten gegen Deutschland eingenommenen Standpunkte anzuschließen und die diplomatischen Beziehungen abzubrechen... Man ist der Meinung, daß auch die an Deutschland angrenzenden Nationen dem Beispiel Amerikas folgen werden...". Schweden, Holland, die Schweiz, Dänemark, Norwegen und Spanien antworteten auf Wilsons Ansinnen mit Nein. Die von Staatsminister Hjalmar Hammarskjöld verfaßte Note der schwedischen Regierung betonte Schwedens strenge Neutralität. Die schwedische Regierung erklärte sich bereit, jede Gelegenheit zu benutzen, um „zum Zustandekommen eines baldigen, dauernden Friedens beizutragen... Der Vorschlag, der den Gegenstand dieses Schriftwechsels bildet, bezeichnet es als sein Ziel, die Leiden des Kriegs abzukürzen. Aber die Vereinigten Staaten haben, um dies Ziel zu erreichen, ein Mittel gewählt, das in vollkommenem Widerspruch zu den Grundsätzen steht, die bisher für die Politik der Königlichen Regierung maßgebend waren". Die Regierung ist „keineswegs gesinnt, den Weg der Neutralität und Unparteilichkeit" aufzugeben.

Diese bestimmte und mannhafte Antwort auf das Ansinnen des Präsidenten erweckte natürlich Mißfallen in den Ententekreisen und Genugtuung bei den Mittelmächten.

Als Amerika in den Weltkrieg eintrat, geschah es in einem Augenblick, in dem die Gegner gleichermaßen erschöpft waren. Sein Kriegseintritt aber gab der einen Seite ein solches Übergewicht, daß die Waage trotz tapferer Gegenwehr der andern sich zu ihren Gunsten neigte. Letzten Endes entschied Amerika den Ausgang des Kriegs. Es ist in den Vereinigten Staaten unvergessen, daß die Teilnahme am Weltkrieg alles andere war als ein schnell vorüberrauschendes Abenteuer. Walter Millis, der Verfasser des vielgelesenen Buches „The Road To War", hat in einem 1939 in „Life" erschienenen Aufsatz gesagt: „Wie viele der Kongreßmitglieder, die für den Kriegseintritt stimmten, ahnten damals, daß zu Kriegsende zwei Millionen Mann amerikanische Truppen in Europa stehen und weitere zwei Millionen auf dem Wege dorthin sein würden?" In der Frage liegt bereits die Antwort, daß die für den Kriegseintritt Verantwortlichen das notwendige Ausmaß der zu bringenden Opfer und Waffenhilfe nicht geahnt haben. In jedem Fall aber führte Amerikas Eingreifen die Entscheidung herbei.

Aber Amerika wollte mehr und hatte recht mit der Forderung, auch an der Gestaltung des Friedens bestimmend mitzuwirken, damit seine Opfer an Blut und Gut nicht nutzlos blieben. Der Friede, der in Versailles beraten wurde, ist dann trotz der Teilnahme des Präsidenten Wilson an den Konferenzen kein amerikanischer Friede geworden, und die Vereinigten Staaten haben sich tief enttäuscht für die nächsten Jahre aus Europa zurückgezogen.

Was war die Bilanz des Kriegs für Amerika? Nicht die Bilanz meine ich, die sich aus den Geschäftsbüchern einiger Rüstungsfabriken und Großbanken ersehen läßt. Auf dem Gewinnkonto steht nichts verzeichnet; das Verlustkonto hat ein Amerikaner und Weltkriegskämpfer, der Fliegerhauptmann Eddie Rickenbacker, in folgenden Worten aufgestellt: „Der Ausgang des Weltkriegs und die nachfolgenden Ereignisse haben die ernüchternde Erkenntnis zur Gewißheit werden lassen, daß bei einem derartigen Zusammenstoß Gewinner und Verlierer unter den Folgen gleichermaßen zu leiden haben. Noch sind Millionen Menschen arbeitslos, werden Milliarden Dollar an zusätzlichen Steuern gezahlt, sind die Krankenhäuser angefüllt mit Tausenden von geistig und körperlich zugrunde gerichteten Kriegsteilnehmern, die einst die Blüte der amerikanischen Jugend waren. Die Kosten des Weltkriegs betrugen annähernd 250 Milliarden Dollar. Mit dieser schwindelerregenden Summe hätte man jeder Familie in Rußland, Italien, Frankreich, Belgien, Deutschland, Wales, Schottland, Irland, England, Australien, Holland und den Vereinigten Staaten eine Heimstätte errichten können: ein Haus zu 2500 Dollar auf fünf Morgen Land zu je 100 Dollar und mit einer Möbelausstattung für 1000 Dollar. Ferner hätte in diesen Ländern jede Stadt mit mehr als 40000 Einwohnern eine Bücherei für zwei Millionen, ein Krankenhaus für drei Millionen und eine Universität für zehn Millionen Dollar erhalten können. Der verbleibende Rest hätte, zu 5 Prozent Zinsen angelegt, genug abgeworfen, um 125000 Lehrerinnen und ebenso viele Krankenschwestern mit einem Jahresgehalt von 1000 Dollar anzustellen. Von den Gesamtkosten des Weltkriegs hat Amerika annähernd ein Fünftel getragen."

Mit welchem Jubel wurde dann der Waffenstillstand gerade in den Vereinigten Staaten begrüßt! Wieviel Daheimgebliebene und von den Schlachtfeldern unverwundet Zurückkehrende mögen sich in der Hoffnung gewiegt haben, daß nun sofort ein großer Aufschwung einsetzen müßte! War es so? Das Gegenteil trat ein. Zwar gab es auf manchen Gebieten des Wirtschaftslebens, die während des Krieges hatten vernachlässigt werden müssen, eine gute Konjunktur. Aber die Arbeiter der Rüstungsindustrien, die nun wieder eingeschränkt werden konnten, fanden durchaus nicht sämtlich in der Friedenswirtschaft Beschäftigung. Viele Soldaten sahen ihre Arbeitsstellen besetzt, und ihre Verbitterung war groß. Die Landwirtschaft hatte selbst auf den ungeheuren Gebieten nicht genügend Lebensmittel für die Ausfuhr nach Europa anbauen können und war dazu übergegangen, bisheriges Weideland in Ackerland umzuwandeln, ja zu dem gleichen Zweck sogar die letzten Wälder im Mittelwesten abzuholzen. Nun war für die Überproduktion kein Markt mehr vorhanden, die Preise fielen, und auch zu Schleuderpreisen konnte das Getreide nicht mehr verkauft werden. Es wurde vielfach verbrannt, nur um in den Scheunen Platz für die nächsten Ernten zu schaffen, mit denen man nach aller Mühe dann ebenso verfuhr. Die Farmer, die für die Vergrößerung Anleihen aufgenommen hatten, konnten die Zinsen nicht bezahlen und gerieten in immer tiefere Abhängigkeit von den Landgesellschaften; viele mußten schon wenige Jahre nach den für sie so glänzenden Kriegsjahren die Scholle räumen, die vielleicht ihre Großväter der Wildnis abgerungen hatten. Der Raubbau des Bodens und der Verlust der Wälder taten ein übriges. Staubstürme vertrieben einen weiteren Teil der einst unabhängigen Farmer und machten sie und ihre Familien zu ruhe- und glücklosen Wanderarbeitern. Auf der ganzen Welt aber ist es so, und auch die Vereinigten Staaten machen davon keine Ausnahme: wenn es dem Bauern schlecht geht, leidet die ganze Wirtschaft des Landes. So trieb nach einer künstlichen Blüte während weniger Jahre das Land der großen Depression zu, an die sich viele meiner amerikanischen Freunde mit dem gleichen Schrecken erinnern wie an den Bürgerkrieg fünfundsechzig Jahre vorher.

Auch politisch gesehen hatte das Ende des Weltkriegs den Vereinigten Staaten eine große Enttäuschung bereitet. Zunächst hatte es die Amerikaner mit begreiflichem Stolz erfüllt, daß der Einsatz ihrer Truppen und das Kriegsmaterial, das sie ihren Verbündeten zur Verfügung gestellt hatten, den Sieg entschieden hatten. Ebenso stolz machte es sie, daß die von Präsident Wilson aufgestellten 14 Punkte die Grundlage für den Waffenstillstand bilden sollten, und daß die Regierungen der Gegner den Präsidenten um seine Mitwirkung baten. Um das Friedenswerk zu vollenden, fuhr der Präsident mit einem großen Stabe selbst nach Europa. Es wird erzählt, daß er schon auf der Überfahrt von banger Sorge erfüllt war, ob wohl alles nach seinen und den Wünschen des amerikanischen Volkes gehen würde. Eines Abends an Bord des „George Washington" gestand er seinem Begleiter George Creel: „Was ich im Geiste zu sehen glaube — und ich hoffe sehr, daß ich mich irre —, ist eine Tragödie von Enttäuschungen."

Die Sorge war nur allzu berechtigt. Der Präsident der Vereinigten Staaten war den europäischen Diplomaten nicht gewachsen, die in Paris das sogenannte Friedenswerk nach unzähligen Verhandlungen und Intrigen errichteten. Entsetzt mußte er zusehen, wie ihm seine Träume in Stücke geschlagen wurden. Einmal packte ihn der Ekel über den Verrat, der an ihm selbst und an den Besiegten getrieben wurde, die im Vertrauen auf seine Versprechungen die Waffen niedergelegt hatten, so stark, daß er den „George Washington" zur Rückreise nach den Vereinigten Staaten beorderte. Damit wäre das falsche Spiel aufgedeckt worden. Clémenceau, der in Paris die führende Rolle spielte, setzte seine ganze Überredungskunst ein, und es gelang ihm, Wilson zum Bleiben zu bewegen. — Die 14 Punkte des Präsidenten Wilson sind in Paris vernichtet worden, und damit wurden die Grundlagen für den heute tobenden Krieg gelegt.

In Punkt I waren offene Verhandlungen gefordert worden, die unter den Augen der Öffentlichkeit zu frei angenommenen Verträgen führen sollten. Schon in dem Schreiben der französischen Regierung an den Staatssekretär Robert Lansing vom 29. November 1918 aber, das Präsident Wilson zwei Tage vor der Abreise nach Europa ausgehändigt wurde, hieß es: „Die Ankunft von Präsident Wilson in Paris wird die vier großen

Mächte in den Stand setzen, sich untereinander über die Bedingungen der Friedenspräliminarien zu einigen, die dem Feinde, ohne jede Diskussion mit ihm, aufzuerlegen sind." Tatsächlich wurde in den ganzen sechs Monaten zwischen der Eröffnung der Konferenz bis zur Veröffentlichung des Entwurfs des Friedensvertrages kein einziger deutscher Vertreter jemals gehört.

Punkt II verkündete die Freiheit der Meere, und dies war eine Forderung, auf die Präsident Wilson den größten Wert legte. Um zu wissen, was daraus geworden ist, hat man es heute nicht nötig, alles zu lesen, was seit 1918 über die Freiheit der Meere geschrieben worden und was aus den Verhandlungszimmern in Paris und Versailles hindurchgesickert ist. Die Tatsache allein, daß England sofort nach seiner Kriegserklärung an Deutschland im September 1939 die Blockade gegen den Feind erklärte und das Überwachungs- und Navicertsystem auch gegen die Neutralen einführte, ist der Beweis dafür, daß eine Macht allein, England, die Weltmeere als ihr Eigentum ansieht, das nur mit ihrer Erlaubnis benutzt werden darf. Selbst Lebensmittel für die Hungernden im jetzt unbesetzten Frankreich, gestiftet von humanitären amerikanischen Organisationen, können nicht über das Meer gebracht werden, das England gesperrt hält. Die deutsche Gegenblockade ist nur eine Antwort auf die englische Herausforderung, so wie 1917 der U-Boot-Krieg die Antwort auf die englische Blokkade im Weltkrieg war, und sie richtet sich einzig und allein gegen den Kriegsgegner. Präsident Roosevelt hat am 27. Mai 1941 in seiner Kaminrede die Freiheit der Meere in den Mittelpunkt der gegenwärtigen amerikanischen Außenpolitik gestellt und ist dazu durchaus berechtigt. Er hätte aber, ehe er es tat, die ganze Frage in ihrer Entwicklung durch die Jahrhunderte und besonders ihre Behandlung in Paris und Versailles studieren und dann die Forderung an England, nicht an Deutschland richten sollen.

Die Freiheit der Meere zu sichern, ist ein wichtiger Punkt in der amerikanischen Politik gewesen, seit dieser Wunsch mit dem der Engländer, die Seeherrschaft zu behalten, mehrfach im 19. Jahrhundert kollidierte. Als aber Wilson seinen Berater Oberst House vor Beginn der Friedensverhandlungen nach London entsandte, mußte dieser feststellen, daß sich am englischen Herrschaftsanspruch nichts geändert hatte. Lloyd George wollte von der amerikanischen Forderung nach Freiheit der Meere nichts hören, selbst dann nicht, als Oberst House mit der Möglichkeit eines amerikanischen Separatfriedens drohte. Die Engländer setzten Komitees zum Studium, tatsächlich aber zur Begründung der Ablehnung ein, die Amerikaner wichen Schritt um Schritt zurück, und im Versailler Vertrag ist nichts von dieser Hauptforderung niedergelegt worden. Winston Churchill hat später in einem seiner Bücher seinem Vorgänger Lloyd George besonderes Lob für seine unerschütterliche Weigerung ausgesprochen.

Es ist eine leere, demagogische Redewendung des Präsidenten, die britische Seeherrschaft als Verteidigungslinie für die Vereinigten Staaten zu bezeichnen, und um der Wahrheit willen erfreulich zu sehen, daß dies von manchen Amerikanern durchschaut wird.

Punkt III heißt: „Möglichste Beseitigung aller wirtschaftlichen Schranken und Herstellung einer Gleichheit der Handelsbedingungen aller Nationen, die dem Frieden beitreten und sich zu seiner Aufrechterhaltung verwenden." Ich bin kein Wirtschaftler und kann nicht als Sachverständiger urteilen. Aber so viel weiß ich, daß dieser Punkt in dem endgültigen Versailler Vertrag überhaupt keine Berücksichtigung gefunden hat. Und wie beinahe jeder Mensch auf der ganzen Erde, der etwas kaufen oder verkaufen will, ob Fabrikant, Bauer, Kaufmann oder gar Arbeitsloser, weiß ich folgendes: Unbeschreibliches Elend ist in fast der ganzen Welt entstanden durch die Absperrung der Märkte, durch die Höhe der Zollmauern und durch den Boykott von Waren, durch die Währungswirtschaft, die den einen Produzenten in Waren, besonders Lebensmitteln, ersticken ließ, nach denen sich Hungernde in andern Ländern, die sie mit ihrem entwerteten Gelde nicht kaufen konnten, verzweifelt sehnten. Kluge Männer haben sich immer wieder zu Wirtschaftskonferenzen, ja Weltwirtschaftskonferenzen zusammengesetzt und trotz aller Sachkenntnis doch keinen Ausweg aus der Verstrickung gefunden, weil ihre Regierungen aus Eigennutz ein Ende des Zustandes gar nicht wollten. Als aber einige europäische Staaten viele Jahre nach Versailles ihren eigenen Weg gingen und Waren nicht gegen Geld, das sie nicht hatten, sondern gegen andere Waren auszutauschen begannen, erhob sich großer Protest gegen die Störenfriede der alten Wirtschaftsordnung.

Die allgemeine Abrüstung war der Inhalt von Punkt IV der am 8. Januar 1918 bekanntgegebenen 14 Punkte Wilsons. Es ist traurig, sich heute, im neuen Krieg und bei den ungeheuren Summen, die die Aufrüstung der noch nicht im Krieg befindlichen Staaten erfordert, die Tragödie der Abrüstung zu vergegenwärtigen. Sie begann mit der Annahme der Abrüstungsparagraphen im deutschen Waffenstillstandsgesuch; es folgten Entwaffnungsverlangen im Waffenstillstandsvertrag einschließlich Ablieferung der Flotte; Hinausgehen über dieses Verlangen in den Friedensverträgen, soweit es Deutschland und seine früheren Verbündeten anging, aber ohne Abrüstungsbedingungen für die Gegner Deutschlands; Einsetzung von interalliierten Entwaffnungskommissionen in Deutschland und den Staaten seiner Verbündeten, die die Ablieferung der Waffen, das Schleifen der Festungen, die Zerstörung der Munitions- und Waffenfabriken, die Zerstörung der Maschinen, die man auf friedliche Produktion hätte umstellen können, zu überwachen und anzuordnen hatten; Überführung der deutschen Flotte nach Scapa Flow, wo sie später von den Deutschen versenkt wurde; Kampf um die Gewährung einer Erhöhung der deutschen Polizeikräfte, die nach der als Folge des verlorenen Kriegs ausgebrochenen Revolution in Deutschland zur Wiederherstellung der Ordnung dringend erforderlich war; endlich Einberufung einer vorbereitenden Konferenz, auf Druck der Neutralen und auch der Volksvertretungen in den Siegerstaaten, sehr gegen den Willen der betreffenden Regierungen; Abkommen von Washington zur Festlegung der Flottenstärken Amerikas, Englands, Frankreichs und Japans; Abrüstungskonferenz in Genf ohne Ergebnis in vielen Wiederholungen; Kellogg-Pakt; Vorschlag Deutschlands, das ihm zugestandene Heer von 100000 auf 300000 Mann erhöhen und einige moderne Waffen herstellen zu dürfen, die alle seine kontinentalen Nachbarn besaßen, und Ablehnung; Wiedereinführung der Wehrpflicht in Deutschland; deutscher Antrag, den Luftkrieg als illegal zu erklären, und Ablehnung; letzte Abrüstungskonferenz.

Ein anderes und doch ähnliches Schicksal hatte Punkt V, der eine unparteiische Regelung der kolonialen Ansprüche forderte. Dabei sollten die Wünsche der eingeborenen Bevölkerung berücksichtigt werden. Die deutschen Kolonien wurden den Siegerstaaten theoretisch als Mandat übergeben, praktisch wurden sie ihre Kolonien. Dies geschah zum Teil gegen den ausdrücklichen Willen der eingeborenen Bevölkerung.

Ein englischer Sachverständiger in der Kolonialfrage, William Harbutt Dawson in Oxford, hat in vielen Aufsätzen und Büchern immer wieder darauf hingewiesen, daß die Behandlung der Kolonialfrage in Versailles entgegen Wilsons Grundsätzen, daß der Raub der deutschen Kolonien unter dem Vorwand, Deutschland habe seine Unfähigkeit zum Kolonisieren bewiesen, ein Unrecht und ein verhängnisvoller Fehler zugleich waren. Er beklagt es, daß England seine Ehre durch dieses Unrecht verletzt und durch den Fehler die Gefährdung seines eigenen zukünftigen Schicksals heraufbeschworen hat. Er schreibt in dem Vorwort zur englischen Ausgabe der „Kolonialen Schuldlüge" von Dr. Heinrich Schnee, dem letzten Gouverneur von Deutsch-Ostafrika*: „Ich, der ich niemals etwas anderes gewesen bin als Imperialist — wenn auch von der Sorte, für die das achte Gebot noch besteht —, und wenn ich auch so zuversichtlich wie je in dem Britischen Reiche ein großes und mächtiges Werkzeug der Zivilisation und — trotz aller seiner Fehler in Vergangenheit und Gegenwart — einen Segen ohnegleichen für die Menschheit erblicke, ich bin für meine Person der Ansicht, daß Englands guter Name durch diese schäbigen Besitzmehrungen gelitten hat. Der Fehler liegt selbstverständlich nicht bei dem Reiche selbst, sondern bei den Männern, die seiner wahren Überlieferung untreu geworden sind... Die klugen Männer, die Deutschland den Vertrag von Versailles aufzwangen und damit den moralischen Gewinn des Kriegs opferten, wollten eben Geschichte machen, und zwar schnell. Das haben sie auch getan, und es hat sich erwiesen, daß es sehr schlechte Geschichte war, so schlechte, daß ein ganz gehöriger Teil davon neu gemacht werden muß... Was mich anbetrifft, der ich ängstlich um die Wahrung unseres guten englischen Namens besorgt bin, so werde ich niemals aufhören, diese Gebietsmehrungen als in schäbiger und unehrlicher Weise zustande gekommen und ihre Besitzergreifung als die niedrigste Tat zu bezeichnen, die jemals im Namen der englischen Krone, der Regierung und des Volkes geschah. Wenn unsere Alliierten entschlossen waren, Deutschland in dem Augenblicke seines Zusammenbruches auszuplündern, dann hätten unsere Vertreter dafür sorgen sollen, daß jene dies allein taten und allein das Risiko übernahmen. Ihre erste Pflicht gegenüber England hätte darin bestanden, das gegebene Wort Englands zu wahren und Englands Hände rein zu halten... Nicht genug damit, daß die Wegnahme der deutschen

---

* Die englische Ausgabe erschien unter dem Titel „German Colonisation, Past and Future", London, George Allen & Unwin, 1926.

Kolonien unweigerlich zu einem neuen Kriege führen wird, haben die Alliierten durch ihre Tätigkeit in dieser Angelegenheit auch noch das böse Prinzip, Eroberung und Wiedervergeltung, förmlicher, wohlbedachter und bestimmter gebilligt, als es früher je gebilligt worden war, und dadurch den Siegern in künftigen Kriegen das Recht gegeben, Eroberung und Unterdrückung auf die Spitze zu treiben... Ich bin kein Bangemacher, gestehe aber offen, daß Deutschland nach dem Vertrage von Versailles politisch wie wirtschaftlich viel mehr zu fürchten ist als je zuvor. Jeder Staatsmann, der dieses Namens wert ist, argwöhnt das, aber da die Gefahr nicht unmittelbar ist und vielleicht noch einige Jahrzehnte lang nicht akut werden wird, gilt es für weise Politik, dem Volke die Wahrheit zu verheimlichen; denn in England gilt es als ein größeres Verbrechen, einen volkstümlichen Wahn zu zerstören, als eins der zehn Gebote zu übertreten... Wir Briten, welchem Teile des Inselreiches wir auch angehören mögen, sind im Durchschnitt sehr selbstsichere Leute und nehmen uns in auswärtigen Angelegenheiten selten die Mühe, die Dinge von einem andern Standpunkte als unserm eigenen zu betrachten, ja, wir lehnen es sogar entschieden ab, auf lange Sicht zu denken... Kaum einer der Staatsmänner, die für die Leitung der britischen Außenpolitik verantwortlich waren, kümmerte sich damals — und noch jahrelang nachher — um Deutschland oder besaß irgendwelche Kenntnis von Deutschland; in der Tat wissen wenige Staatsmänner heutzutage viel von Deutschland, selbst jetzt nach dem Kriege. Damals wie später haben wir beharrlich die Augen vor allen auswärtigen Problemen verschlossen mit Ausnahme derer, die der unmittelbaren Gegenwart angehörten, haben an morgen nicht gedacht, sind Schwierigkeiten nur dann zu Leibe gegangen, wenn sie sich nicht mehr umgehen ließen, und haben gelegentlich leichten Herzens Verbindlichkeiten auf uns genommen, deren Bedeutung wir uns nicht klarmachten... Muß in dieser Kolonialfrage, die kurzsichtige

Männer ohne Not heraufbeschworen haben, und die unmöglich dadurch gelöst werden kann, daß man ihrer einfach nicht achtet und die Sache an sich herankommen läßt, dieselbe alte Politik der Blindheit, der Gleichgültigkeit und Untätigkeit eingeschlagen werden? Wollen wir wieder einmal, wenn Verwicklungen entstehen, auf unser Glück bauen — und Verwicklungen wird es früher oder später geben, wenn wir nicht schnell und einsichtig handeln — und wieder einmal hoffen, daß wir uns so oder so erfolgreich durchstümpern werden?"

Darüber, daß, wie in Versailles behauptet wurde, Deutschland zur Kolonisierung unfähig sei und deshalb die Kolonien an fähigere Staaten abgeben müsse, haben Engländer und auch Amerikaner vor dem Weltkrieg ganz anders geurteilt. Einige solcher Stimmen mögen hier für viele stehen:

Zwei englische Beamte aus Nordrhodesien, Frank H. Melland und Edward H. Cholmely, bereisten Deutsch-Ostafrika, veröffentlichten ihre Eindrücke in einem Buch „Through the Heart of Africa" (London 1912) und kamen zu dem Schluß: „Wir sahen vieles, das man bewundern muß, und das allgemeine Endurteil muß, wie wir meinen, ein Glückwunsch an unsere Nachbarn sein... Berücksichtigt man, wie neu die Kolonialarbeit für die deutsche Nation ist, so haben die Deutschen allen Grund, stolz auf das zu sein, was sie im ostafrikanischen Schutzgebiet leisten."

Ein Mann wie Theodore Roosevelt, der kein Deutschenfreund war, urteilte in seinem Buch „African Game Trails" (1910) über seine Erfahrungen mit Pflanzern, Beamten und Offizieren in Afrika: „Sie sind große Klasse, diese Engländer und Deutschen; beide leisten in Ostafrika eine Arbeit, die für die ganze Welt von Wert ist; es gibt reichlich Raum für beide und keinen ersichtlichen Grund für einen andern als durchaus freundlichen Wettbewerb."

Die deutsche Wissenschaft hat Großes für die Eingeborenen und die in Afrika lebenden Weißen geleistet. Robert Koch, der große deutsche Gelehrte, hat sich mehrfach in englischen und deutschen Kolonien aufgehalten. Er hat die Grundlagen für die Ausrottung bis dahin unheilbarer Krankheiten gelegt und sich damit unsterbliche Verdienste erworben. Mit seinen Mitarbeitern hat er gegen Cholera, Schlafkrankheit und Rinderpest gekämpft. Das Heilmittel gegen die Schlafkrankheit — das Germanin — wurde von Deutschen gefunden, nachdem die deutschen Kolonien auf Grund des Versailler Vertrags verloren waren.

Unter dem Eindruck dieser Leistungen konnte Dr. Frank Lenwood, ein führender Beamter der „London Missionary Society", in einem Brief an „The Challenge" vom 10. Mai 1918 schreiben: „Mir drängt sich die Schlußfolgerung auf, daß die Vorwürfe gegen Deutschland auf Verdächtigungen beruhen, die in Kriegszeiten verständlich sind, aber keine reale Grundlage haben... Der große und selbstlose Dienst der deutschen Missionen unter der britischen Flagge ruft nach einer unparteiischen Nachprüfung jeder gegen sie gerichteten Aussage."

Diese unparteiischen Stimmen blieben aber ohne Gehör. Die deutschen Kolonien wurden von den Mächten übernommen, die schon zuviel solcher Besitzungen hatten. Das Ergebnis war entsetzlich. Der „Manchester Guardian" vom 3. August 1921 schrieb über die deutschen Kolonien, die Australien als Mandat gegeben worden waren: „Das Unvermeidliche ist geschehen. Die besten der eingeborenen Arbeiter, die seit langem auf diesen Pflanzungen gewesen waren, lehnten ab, ihren Vertrag zu erneuern, und gingen nach ihren Dörfern zurück, um die Entwicklung abzuwarten. Den deutschen ‚Boß' kannten sie seit Jahren — zu dem jungen australischen Boß, der ihn verdrängte, hatten sie kein Zutrauen. So ist es gekommen, daß die Pflanzungen schnell verfallen... Das richtige wäre gewesen, daß die australische Regierung irgendeinen Weg gefunden hätte, um die erfahrenen deutschen Pflanzer in Neuguinea zu halten. Statt dessen hat sie in ihrem Eifer, wertvolle Pflanzungen umsonst zu erwerben, die Männer vertrieben, die nicht nur die Pflanzungen wertvoll gemacht hatten, sondern die auch ihre Ertragfähigkeit hätten aufrechterhalten können... Statt eine derartige gesunde Politik zu verfolgen, hat die Regierung allen Deutschen ihren Besitz genommen und führt eine Politik durch, die die gesamte Kolonie schnell ruinieren muß."

Feststellungen von Engländern in amtlichen Stellungen haben besonderes Gewicht. Deshalb schließe ich die Erörterung der Frage, wie die koloniale Tätigkeit Deutschlands anerkannt wurde, nachdem man Deutschland die Kolonien unter dem Vorwand genommen hatte, es sei nicht fähig, zu kolonisieren, mit zwei Äußerungen von Männern, die noch heute in führenden Stellungen im Britischen Empire sind. Ormsby Gore, damals britischer Unterstaatssekretär für die Kolonien, stellte im Unterhaus am 25. Juli 1923 in bezug auf Deutsch-Ostafrika fest: „Die bloße Tatsache, daß die Propaganda in Deutschland noch nicht schweigt, legt uns die absolute Pflicht auf, diesem großen Gebiet, das an Umfang größer als Nigeria ist und eine Bevölkerung von etwas mehr als vier Millionen beherbergt, eine zum mindesten so gute und umfassende Verwaltung zu gewähren, wie die Deutschen sie ihnen vor dem Krieg gegeben haben."

Zwei Jahre vorher, am 21. Juni 1921, hat Winston Churchill selbst, damals britischer Staatssekretär für die Kolonien, vor der Imperial Conference über die gleiche Kolonie, heute Tanganjika, gesagt: „Wir haben uns bemüht, sie mit einer Regierung auszustatten, die der deutschen Verwaltung, an deren Stelle sie trat, nicht nachstand... Ich fürchte, daß ein oder zwei Jahre lang die Zustände im Tanganjikaterritorium sich ungünstig abheben werden von dem Fortschritt und dem Gedeihen des Landes während der Zeit, da es sich in den Händen unseres ehemaligen Gegners befand."

Alles dies beweist, daß das, was in Versailles mit den deutschen Kolonien geschah, nicht nur im Gegensatz zu den Punkten Wilsons steht, sondern eine Schädigung der Bevölkerung und eine Beeinträchtigung ihres wirtschaftlichen Wohlstandes bedeutete. Darüber hinaus war es ein Unrecht, das Deutschland zugefügt wurde.

In der Behandlung von zwei Punkten ergaben sich in Paris nicht zu überbrückende Gegensätze zwischen dem, wie Amerika sich den Frieden in der durch seinen Präsidenten verkündeten Form gedacht hatte, und dem, was die Alliierten daraus machten.

Punkt X lautete: „Den Völkern Österreich-Ungarns, deren Platz unter den Nationen wir geschützt und gesichert zu sehen wünschen, sollte die freieste Gelegenheit zu autonomer Entwicklung zugestanden werden.“ In der französischen Note an Lansing, die Präsident Wilson zwei Tage vor seiner Abreise nach Europa zugestellt wurde, hieß es von der „Erledigung der hauptsächlichen gebietsmäßigen Restorationen“: „... die vorläufige Annahme der Verfassung unabhängiger neuer Staaten aus dem Gebiet des ehemaligen russischen und des ehemaligen österreichisch-ungarischen Kaiserreichs... Die Frage der Friedenspräliminarien mit den beiden andern Feindmächten zeigt sich unter einem andern Gesichtspunkt. Hinsichtlich Österreich-Ungarns besteht sie überhaupt nicht, da diese Macht verschwunden ist. Dasselbe gilt natürlich von vornherein für die Türkei...“ Daß nach der Meinung der Alliierten die Türkei schon zu bestehen aufgehört hatte und keine Berücksichtigung mehr verdiente, erscheint im Licht der augenblicklichen Geschehnisse bemerkenswert, da sie, überraschend schnell durch einen überragenden Führer wiederaufgebaut, von den Briten und Amerikanern besonders umworben wird.

Größere Gegensätze zwischen den Meinungen des amerikanischen Präsidenten und der europäischen Diplomatie als im Fall Österreich-Ungarns lassen sich nicht denken. Präsident Wilson hatte den Völkern Österreich-Ungarns „einen Platz unter den Nationen“ und „die freieste Gelegenheit zu autonomer Entwicklung“ zugesagt. Am 30. Oktober 1918 hatten die deutschen Volksteile der bisherigen Doppelmonarchie, als sie erkennen mußten, daß diese in ihrem bisherigen Bestande nicht mehr zu retten war, einen Nationalrat gebildet, der am 12. November den Anschluß an das Deutsche Reich unter gleichzeitiger Ausrufung der demokratischen Republik beschloß. Dieser Beschluß war nicht etwa in einer gewissen Psychose nur im Augenblick des Zusammenbruchs der österreichisch-ungarischen Monarchie erfolgt. Die überwältigende Mehrheit der ordnungsgemäß gewählten Nationalversammlung in Wien stimmte am 2. März 1919 dafür, daß Deutsch-Österreich als Teil des Deutschen Reichs anzusehen wäre. Die Entente intervenierte jedoch, und selbst der Name Deutsch-Österreich wurde verboten, obwohl er in der neuen österreichischen Verfassung verankert war. Die Nationalversammlung Deutsch-Österreichs legte im September 1919 Verwahrung gegen diesen Einspruch ein und unterstrich die Tatsache, daß der Vertrag von St-Germain Österreich unter dem Vorwand der angeblichen Unabhängigkeit sein Recht zur Selbstbestimmung nähme, das doch allen nichtdeutschen Völkern der Nachfolgestaaten der ehemaligen habsburgischen Monarchie gewährt worden war.

Als im Jahre 1922 die Lage Österreichs verzweifelt war, erhielt es Anleihen von den Westmächten unter der Bedingung, daß es keinerlei wirtschaftliche oder finanzielle Bindungen einginge, die in irgendeiner Weise seine Stellung als „unabhängiger Staat" beeinflussen könnten. In diesen Jahren fand eine Anzahl spontaner Abstimmungen der Deutschen in verschiedenen Teilen Österreichs statt. Sie waren praktisch ergebnislos, stellten aber vollkommen klar, daß die überwältigende Mehrheit der Bevölkerung die Einverleibung Österreichs in das Deutsche Reich wünschte. In Tirol fand am 24. April 1921 eine Volksabstimmung über die Frage statt: „Verlangen Sie die Vereinigung mit dem Deutschen Reich?" Das Ergebnis war 144324 Stimmen für und nur 1794 gegen den Anschluß. Einen Monat später hatte das Land Salzburg eine Volksabstimmung über die Frage: „Fordern Sie den Anschluß an Deutschland?“ mit dem Ergebnis von 103000 Stimmen für, nur 800 gegen den Anschluß. Die für denselben Tag in Steiermark vorgesehene Volksabstimmung konnte infolge des Drucks der Ententemächte nicht stattfinden, und alle weiteren Volksabstimmungen in den übrigen österreichischen Ländern wurden verboten, darunter eine Gesamtabstimmung, die vom österreichischen Parlament bereits vorgesehen war.

Die Wirtschaftslage in Österreich wurde immer unsicherer. Um diese Schwierigkeiten zu lösen, planten Österreich unter dem verstorbenen Kanzler Schober und Deutschland unter dem Kanzler Dr. Brüning eine Zollunion. Zu jener Zeit war der verantwortliche französische Staatsmann Herr Briand, der einst selbst die Ansicht vertrat, daß regionale Verträge das einzige Mittel wären, um die Zollmauern einzureißen und eine neue Wirtschaftsordnung in Europa zu errichten. Trotzdem protestierte Frankreich gegen die deutsch-österreichische Zollunion; auf sein Drängen ersuchte der Völkerbund den Internationalen Gerichtshof im Haag um eine Entscheidung. Sie bestand im Verbot der Zollunion.

Im Jahre 1938 wurde der Anschluß unter der Führerschaft Adolf Hitlers vollzogen. Damit war nicht nur der Wunsch der Bevölkerung erfüllt, wie ihn die erste Nationalversammlung und die späteren Volksbefragungen ausgesprochen hatten, sondern eine viel ältere Sehnsucht. Schon neunzig Jahre vor dem Anschluß, 1848, ertönte der Ruf: „Ein Volk, ein Reich“ von der Nordsee bis zu den Kärntner Alpen, und im ersten deutschen Parlament zu Frankfurt im Jahre 1848 waren 120 Abgeordnete aus Deutsch-Österreich und Deutsch-Böhmen vertreten. — Es ist interessant, einen Artikel in der führenden englischen Zeitung „The Times“ ins Gedächtnis zurückzurufen. Sie schrieb am 17. Februar 1938, ein paar Tage nach dem Abkommen zwischen Adolf Hitler und Schuschnigg in Berchtesgaden: „Keine dieser Einzelheiten kann wahrlich eine große Überraschung hervorrufen, wenn man sie gegen den bekannten

Hintergrund der österreichisch-deutschen Beziehungen stellt. Im Grunde ist ein enges Verständnis zwischen den beiden deutschen Staaten das natürlichste. Eine der unvernünftigsten, zerbrechlichsten und herausforderndsten Künsteleien der Friedensbedingungen war der Bann auf die Vereinigung Österreichs mit dem Reich. Einer der gröbsten Schnitzer der europäischen Politik seit dem Friedensschluß war die richterliche Erdrosselung der vorgesehenen Zollunion zwischen den beiden Staaten. Diese Fehler rächen sich heute."

Eine noch weniger erfreuliche Entwicklung nahm in der Folgezeit alles, was mit Punkt XIII zusammenhing, in dem Präsident Wilson erklärt hatte: „Ein unabhängiger polnischer Staat sollte errichtet werden, der alle Gebiete einzubegreifen hätte, die von unbestritten polnischer Bevölkerung bewohnt sind." Der erbittertste Kampf entbrannte darum, daß man in Paris Polen über Wilsons „unbestritten polnische" Gebiete weitere zuweisen wollte, die eine starke deutsche Mehrheit hatten oder rein deutsch waren. Man vergaß dabei ganz, daß 1917 zuerst Deutschland und Österreich den Staat Polen wiederaufgerichtet hatten. Der Ausgang dieses Kampfes war ein völliges Verleugnen des Grundsatzes des Selbstbestimmungsrechts der Völker — leider auch durch Wilson selbst, den Winston Churchill in seinem Buch „The World Crisis, The Aftermath" als „zugunsten Polens voreingenommen" bezeichnet. Das Ergebnis war eine besonders tiefe Verbitterung des deutschen Volkes und eine Vergiftung der Beziehungen der europäischen Völker. Sie führte zum Ausbruch des jetzigen Kriegs, nachdem viele Versuche von deutscher Seite fehlgeschlagen waren, eine Revision auf friedliche Weise herbeizuführen.

Warum Großbritannien und Frankreich gerade durch die im Mai 1939 Polen gegebene Garantie seines Besitzstandes den jetzigen Krieg entfesselten, wird mir immer unverständlich bleiben. Denn obwohl Frankreich der Hauptagitator für die unrechtmäßige Vergrößerung Polens war, hatte es doch genügend einsichtige Franzosen gegeben, die die große Gefahr in dieser Staatenbildung hellsichtig erkannten. So hatte selbst der französische Heerführer im Weltkrieg, Marschall Foch, in der Karte auf die Nordspitze des polnischen Korridors an der Ostsee zeigend, gesagt: „Dort liegen die Wurzeln eines neuen Kriegs."

Die Engländer aber sind niemals Freunde Polens gewesen, und ihr Hauptdelegierter in Paris und Versailles, Lloyd George, hatte ihm vieles verweigert, was seine Unersättlichkeit verlangte. In England bestand auch Verständnis für die Unhaltbarkeit der deutsch-polnischen Regelung, deren Revision selbst Winston Churchill in seiner Antwort auf die Botschaft des Königs am 23. November 1932 im Unterhaus mit folgenden Worten forderte: „Es würde sicherer sein, Fragen wie die des Danziger Korridors und Transsylvaniens in all ihrer Schwierigkeit und Verwickeltheit mit kaltem Blut, in einer ruhigen Atmosphäre und während die Siegerstaaten noch genügend Übermacht haben, aufzugreifen, als zu warten und sich Zoll um Zoll und Schritt um Schritt weitertreiben zu lassen, bis wieder einmal riesige, gleich gut gerüstete Mächtekombinationen einander Auge in Auge gegenüberstehen."

Und die berühmte englische Wochenschrift „Economist" schrieb, was sich im Licht der britisch-französischen Garantie Polens vom Mai 1939 besonders merkwürdig liest, am 11. November 1931: „Englische Gemüter schrecken instinktiv vor jedem Vorschlag zurück, daß Großbritannien die durch den Friedensschluß geschaffenen Verhältnisse in Osteuropa garantieren sollte", und am 8. Oktober 1938, sieben Monate vor der Garantie: „Wie lange werden die Polen auf die vierte Teilung zu warten haben, die sie jetzt auf so törichte Weise heraufbeschwören, und wo werden sie dann Freunde finden?"

Schon der Waffenstillstandsvertrag war weit über das hinausgegangen, was die Mittelmächte in ihren bösesten Träumen sich vorstellen konnten. Der Versailler Vertrag aber, ebenso wie die mit Deutschlands Verbündeten geschlossenen Verträge von Trianon und St-Germain zerschlugen die letzten Hoffnungen auf den einstmals von Wilson verkündeten „Frieden ohne Sieg". Es ist gar nicht möglich, alles in diesem Buch aufzuführen, was von Deutschland in Versailles gefordert wurde, worauf es nach den Präliminarien nicht gefaßt sein konnte: Zerstückelung im Osten mit Wegnahme seiner hauptsächlichsten landwirtschaftlichen und, in Oberschlesien, eines wichtigen industriellen Versorgungsgebiets, Raub Memels, Zerstückelung Schleswig-Holsteins, Verlust Elsaß-Lothringens, der schon von Wilson angedroht war, und Eupen-Malmedys, von dem früher niemand gesprochen, Überführung des Saargebiets in französische Nutznießung, Besetzung und Entmilitarisierung der Rheinlande, Raub aller Kolonien, Ablieferung großer Viehbestände und trotzdem Aufrechterhaltung der Blockade über die Unterzeichnung des Vertrags hinaus, so daß es noch etwa 100000 deutsche Kriegsopfer, besonders Frauen und Kinder, im „Frieden" gab, Reparationen, die nicht nur die Wirtschaft Deutschlands vernichteten, sondern damit auch die Wirtschaften der andern Länder einschließlich der der Vereinigten Staaten verkrüppelten.

Auf alle Fälle hatten die Alliierten mit eiserner Folgerichtigkeit erreicht, was die Note der französischen Regierung an Lansing vom 28. November 1918 offen ausgesprochen hatte: „Die Prüfung wird sich zunächst auf Deutschland erstrecken, mit dem sofort zu verhandeln in unserm Interesse liegt, um die Aufspaltung in die Länder, aus denen es zusammengesetzt ist, zu befördern." Das gleiche Ziel hat Großbritannien in diesem Krieg.

Einer der schändlichsten Paragraphen des Versailler Vertrags war Nummer 231 — schon diese hohe Nummer zeigt, was aus den 14 Punkten Wilsons geworden war. Artikel 231 behauptete, daß Deutschland den Weltkrieg vorsätzlich herbeigeführt habe und die Alleinschuld an ihm trage. Daß diese

Behauptung vollkommen falsch war und nur aufgestellt, um den vernichtenden Bedingungen einen Schein der Berechtigung zu geben, hat die internationale Kriegsschuldforschung der Nachkriegsjahre erschöpfend nachgewiesen; an der Auffindung der Wahrheit haben amerikanische Forscher einen hervorragenden Anteil.

Als Präsident Wilson nach Washington zurückkehrte, war in den Vereinigten Staaten die Enttäuschung über die Verfälschung des Friedensplanes in Versailles so groß, daß ihm kein freundlicher Empfang zuteil wurde. Die Volksvertretung weigerte sich, diesen Frieden zu ratifizieren, der den amerikanischen Ideen widersprach. Selbst der Plan wurde verworfen, der dem Präsidenten besonders teuer war, die Errichtung des Völkerbundes. Amerika ist ihm nie als Mitglied beigetreten. Wilson starb als gebrochener Mann.

Vor allem aber in Europa hat es, abgesehen von einem Teil der Franzosen und von den Nationen, die in Versailles mit eigenen Staaten beschenkt oder vergrößert wurden, über den Frieden nur Enttäuschung auf der Seite der Sieger und Verzweiflung bei den Besiegten gegeben. Einst hatte Wilson verkündet, daß es nach diesem Kriege weder Sieger noch Besiegte geben solle. Das war längst vergessen, und noch niemals war die Kluft zwischen Siegern und Besiegten so tief aufgerissen worden wie nach diesem Kriege. Den Neutralen, die durch Menschen- und Schiffsverluste, Daniederliegen ihrer Wirtschaft und Zerreißung alter Verbindungen schwer am Kriege gelitten hatten, war es verwehrt worden, am Zustandekommen des Friedens von unparteiischer Warte aus versöhnend und ausgleichend mitzuwirken. Wir Schweden haben das schwer empfunden und immer geglaubt, daß durch unsere Mitwirkung vieles hätte verhindert werden können, was eine Wiederholung des Unglücks herbeiführen mußte. Aber in der Note der französischen Regierung hieß es: „Die Neutralen werden nur in Ausnahmefällen zur Teilnahme an den Sitzungen, in denen die

Kriegführenden die Friedensbedingungen festlegen, aufgefordert werden."

Man kann über den jetzigen Krieg nicht sprechen, ohne die Vergangenheit zu betrachten. Ich hoffe, niemand überschlägt dieses Kapitel mit der Bemerkung: „Ach, Versailles, was spielt das für eine Rolle außer der, daß die Deutschen den Vertrag und seine Wiedergutmachung als Vorwand für ihre alte Angriffslust benutzen!" Nein, in Versailles wurde die Saat gelegt zu diesem neuen Weltbrand. Auch der Völkerbund, der von Amerika selbst verworfene Lieblingsplan Wilsons, hat keine Änderung der sich als unhaltbar herausstellenden Verträge herbeigeführt, denn Artikel XIX der Völkerbundsatzung wurde niemals angewendet. Die in Genf maßgebenden Siegermächte erstickten alle Versuche im Keim.

John Foster Dulles hat in seinem Buch „War, Peace and Change" (Harper Brothers, New York, 1939) geschrieben, er verurteile es auf das schärfste, daß dieser Artikel XIX nie angewandt wurde. Er sei grundsätzlich der erste Versuch, einen internationalen Organismus zu schaffen, der befugt gewesen wäre, internationale Verträge auf ihre Tauglichkeit zur Förderung des Weltfriedens zu prüfen, diejenigen zu bezeichnen, die diesem Erfordernis jeweils nicht mehr entsprächen, und Vorschläge für ihre Reform zu machen. In diesem Artikel sieht er das Herz des Völkerbundes, wenn es auch nie geschlagen habe, denn aus ihm hätte die internationale Instanz hervorgehen können, die in Verantwortung für das Gemeinwohl der Gesamtheit der Vertragsstruktur der Völkerwelt die Elastizität hätte geben können, die das unerläßliche Gegenstück zur Heiligkeit der Verträge und zum Verzicht auf Gewaltanwendung sei. Dulles spricht es deutlich aus, daß die Schuld für die Nichtanwendung des Artikels XIX in erster Linie Frankreich träfe, das Sicherheit in der Starrheit statt in der Elastizität suche, wo allein sie zu finden sei. Außerdem habe sich das

Fernbleiben Amerikas vom Völkerbund gerade hier verhängnisvoll ausgewirkt.

Als die Vereinigten Staaten 1917 in den Krieg eintraten, glaubten sie, daß sie damit eine Mission erfüllten und daß der Krieg geführt werden müsse, um für alle Zukunft Kriege unmöglich zu machen. Sie vertrauten, daß die Nationen, mit denen sie sich verbündeten, dasselbe Ziel hatten. Sie glaubten allen Anklagen, die man dem Gegner zur Last legte, den es ein für allemal unschädlich zu machen galt.

Erst während der Pariser und Versailler Verhandlungen wurde es den Amerikanern klar, daß der Krieg von der Entente nicht aus ideellen Gründen geführt worden war und daß sehr materielle und eigennützige, daß imperialistische und nationalistische Gründe, Haß und Handelsneid, ausschlaggebend gewesen waren. Die späteren Untersuchungen in den Vereinigten Staaten, zum Beispiel die des Nye-Komitees, erwiesen, daß man von solchen Gründen auch im eigenen Lande nicht frei gewesen war.

3. WIE KAM ES ZUM ZWEITEN WELTKRIEG?

Keine Frage ist verständlicher als die, warum es so schnell nach dem ersten Weltkrieg zu der neuen Katastrophe kam. Manche waren sehr rasch mit der Antwort bei der Hand: Der Störenfried war wieder einmal Deutschland. Dieses „wieder einmal" zeigt allein schon, daß die Menschen in der kurzen Spanne von 1919 bis 1939 die Lehre der Geschichte vergessen, die sie selbst miterlebt haben. Unabhängige Forscher, darunter bedeutende Amerikaner, hatten in den letzten zwanzig Jahren nachgewiesen, daß Deutschland nicht der Störenfried war, der Europa 1914 in den Weltkrieg stürzte, und daß Deutschland außerdem in der nüchternen Statistik über entfesselte und geführte Kriege hinter anderen Nationen weit zurückbleibt. Eine andere Antwort war, daß die unersättliche Raubgier, die gebrochenen Versprechungen — und wie sonst die Anschuldigungen hießen — des deutschen Führers den Krieg heraufbeschworen haben.

Ich habe den Versailler Vertrag und seine Widersprüche zu Wilsons vierzehn Punkten so gründlich behandelt, um damit zu zeigen, daß sich auch andere Staatsmänner in ihrer Politik von den Erfordernissen der Stunde leiten ließen, wenn sie eine andere Politik begannen, als sie selbst vor kurzem vorhatten. Wie beim Schachspiel der Zug eines Gegners einen vorbereiteten Plan umwirft, so geschieht das auch oft in der Politik. Man kann und darf das bedauern. Aber wir sind dem Zustand der Vollkommenheit noch fern.

Schon gleich nach dem Zusammenbruch Deutschlands im November 1918 und trotz seiner völligen Entwaffnung und Zerstückelung wuchs, besonders in Frankreich, die Furcht vor Deutschland wieder empor. Es war ein merkwürdiges Schauspiel: auf der einen Seite Deutschland und seine ehemaligen Verbündeten, geschlagen, an Gebiet, Bevölkerungszahl und Volksvermögen verkrüppelt, die Bewohner durch die Blockade halb verhungert,die auch nach Kriegsende noch aufrechterhalten wurde, von Kontributionen ausgesaugt, deren volle Höhe zunächst noch gar nicht bekanntgegeben wurde, von inneren Unruhen und Bürgerkrieg zerrissen, in ihrer Ehre durch falsche Anschuldigungen aufs schwerste gekränkt — auf der andern Seite die Siegerstaaten, zwar auch durch Blutopfer geschwächt, aber nicht nur in vollem Besitz ihres Gebiets, sondern durch einen ungemein großen Gebietszuwachs in Europa und auf kolonialem Boden bereichert. Ihren Armeen und Flotten war all das an Waffen und Schiffen zugeflossen, was Deutschland, Österreich-Ungarn, Bulgarien und der Türkei durch die Bestimmungen der Friedensverträge abgenommen war.

In ihre Kassen flossen die Reparationszahlungen, ihre Handelstonnage war durch die deutsche vermehrt, deutsche Fischerboote brachten für sie den Fang ein, die deutschen Riesendampfer bewältigten den Überseeverkehr unter fremden Flaggen. Deutsches Vieh stand in französischen, belgischen und polnischen Ställen, selbst deutsche Bienen sammelten jetzt den Honig für fremde Tische. Deutsche Kinder wurden zum großen Teil durch Wohlfahrtsstiftungen der nordeuropäischen Völker, namentlich der Schweden, und der Amerikaner am Leben erhalten. Die deutsche Geburtenzahl, schon im Krieg geschwächt, sank nach dem Krieg noch tiefer, weil die deutschen Menschen nicht mehr den Mut hatten, in das Elend, das das deutsche Schicksal geworden schien, Kinder hineinzusetzen.

Die territorialen Bestimmungen der Friedensverträge hatten den Zweck, Deutschland in seinen engen Grenzen, fast auf allen Seiten von Feinden umgeben, die sich noch durch Bündnisse gegenseitig stärkten, den Raum zum Atmen zu nehmen. Und trotzdem herrschte Furcht vor Deutschland. Warum? Ahnte man im tiefsten Innern, daß gerade aus der Demütigung der Wille zum Widerstand gegen die Unterdrückungen kommen mußte, wenn der erste Lähmungszustand überwunden sein würde? Regte sich das Gewissen, daß man durch die Strenge der Bestimmungen den Bogen überspannt und die Gefahr herbeigerufen hatte, die man beschwören wollte? Oder gab es vielleicht unter diesen hochmütigen Siegern, die sich für Zeit und Ewigkeit als die kurzsichtigsten Staatsmänner der Geschichte erwiesen hatten, einen oder den andern, der einsah, daß man durch eine solche Friedenspolitik die Gefahr, der man vorbeugen wollte, gerade hervorrief? Fand sich in den Prozessionen, die bei feierlichen Gelegenheiten unter den Klängen von Trauerhymnen und Parademärschen unter florbehangenen Fahnen zum Grab des Unbekannten Soldaten marschierten, ein einziger, der daran dachte, daß man ein so tapferes Volk wie das deutsche nicht ungestraft verstümmelt, beschimpft und mit Füßen tritt, ein Volk, das in seiner Ohnmacht wohl seine Zeit erwarten konnte, das aber eines Tages Rechenschaft für die erlittenen Kränkungen seiner Ehre fordern würde?

„Sie halten die Zukunft der Welt in Ihren Händen!", so hatte der Präsident der französischen Republik, Poincaré, in seiner Begrüßungsrede zu den Vertretern von 27 Nationen gesagt, als er am 18. Januar 1919 die Friedenskonferenz eröffnete. Wirklich, eine furchtbare Verantwortung für die Zukunft der Welt war in die Hände der wenigen Staatsmänner gelegt, die nach der bisher blutigsten Auseinandersetzung der Geschichte der erschöpften Menschheit den Frieden bringen sollten. Die Zukunft aber, die die „Großen Vier" von Paris mit Unterstützung einiger Vertreter kleinerer Staaten schufen, war ein Zerrbild. Nichts war übriggeblieben von den Versprechungen, denen die Menschheit geglaubt hatte. Aus Rachsucht und Machtgier läßt sich keine Zukunft bauen. Nur gezwungen und um der Drohung der Fortsetzung des Kriegs gegen die inzwischen Entwaffneten zu entgehen, setzten die

Besiegten ihre Unterschriften unter das Urteil, das ihnen jede Zukunft zu versperren schien.

Nun war es geschehen. Auch zu dem geforderten Wechsel der Regierungsform hatte sich Deutschland entschlossen, der geschlagene Gegner der 27 Staaten, gegen die er vier Jahre standgehalten, war Republik geworden und hatte ein Wahlrecht erhalten, das viel demokratischer war als das in den alten Demokratien. Die deutschen Regierungen, so oft sie auch wechselten, weil die innere Zerrissenheit und der Parteihader sie dazu zwang, bemühten sich sämtlich, die Forderungen der Sieger zu erfüllen. Als sie aber einmal einige Wochen mit der Lieferung von ein paar hundert Wagen Kohlen und ein paar tausend Telegraphenstangen in Rückstand gerieten, besetzten die Franzosen das wichtigste Industriezentrum rechts des Rheins, das Ruhrgebiet, und richteten dort die gleiche Gewaltherrschaft auf, wie sie auf dem ganzen linken Rheinufer schon bestand, das — auch ein gebrochenes Versprechen, denn im Waffenstillstandsabkommen war das nicht vorgesehen — seit Jahren bereits von einer Truppenmasse besetzt war, die das Vielfache dessen betrug, was das angeblich so militaristische Deutschland in Friedenszeiten dort als Garnison unterhalten hatte. Mit der Ruhrbesetzung begann die Entwertung des deutschen Geldes unvorstellbare Formen anzunehmen. Durch die Inflation wurde all das in den wirtschaftlichen Abgrund gerissen, was bis dahin noch trotz Steuern für die Reparationen ein einigermaßen sicheres Gefüge aufgewiesen hatte.

Keine Hand regte sich in den Demokratien, um dem Unheil Einhalt zu bieten. Zwar gab es dort vernünftige und einsichtige Menschen, die erkannten, daß alles das einmal furchtbare Folgen für die ganze Welt haben müsse, aber die verantwortlichen Staatsmänner hatten nicht den Mut, ihre Politik zu ändern. Das hoffnungslose Wort „Zu spät" stand über ihrer ganzen Politik, die Augenblickspolitik war und mit Staatskunst nichts zu tun hat. Sie verschmähten es, der deutschen

Demokratie auch nur einen Schritt entgegenzukommen und vergällten so den Deutschen für immer den Geschmack an der Demokratie.

Als aber die große Wendung im deutschen Schicksal eingetreten war, fielen die Demokratien wieder über Deutschland her; sie sahen nicht ein, daß sie selbst durch ihre Kurzsichtigkeit die Wendung erst heraufbeschworen hatten. Sie hatten ihre Versprechungen nicht gehalten und beschuldigten die neue deutsche Staatsführung des Vertragsbruchs, weil es ja immer leichter ist, eine Schuld auf andere abzuwälzen, als sie selbst zuzugeben. Alle Vorschläge zur Sicherung des Friedens, die Deutschland machte, wurden abgelehnt oder blieben unbeachtet, bis Deutschland müde wurde, eine vertrauensvolle Zusammenarbeit mit den andern Mächten zu suchen. Es begann selber die Fesseln abzuschütteln und sich eine Rüstung zu schaffen, die der gleichkam, die seine Nachbarn längst besaßen, die niemals ihrer Abrüstungsverpflichtung nachgekommen waren.

Allen feierlichen Versicherungen des Führers, daß er trotz der Wiedererstarkung den Frieden wolle, glaubte man nicht. Adolf Hitler hat am 21. Mai 1935 im Reichstag gesagt*: „Jeder Krieg verzehrt zunächst die Auslese der Besten . . . Eine gesunde Sozialpolitik kann bei einer Steigerung der Geburtenfreudigkeit einer Nation in wenigen Jahren mehr Kinder des eigenen Volkes schenken, als durch einen Krieg an fremden Menschen erobert und damit unterworfen werden könnte. Nein! Das nationalsozialistische Deutschland will den Frieden aus tiefstinnerlichen weltanschaulichen Überzeugungen." Niemand kann leugnen, daß dies ein wirkliches und überzeugendes Friedensprogramm ist.

Hätten die Sieger des Weltkrieges damals, 1935, Adolf Hitlers Vorschläge und seine in öffentlichen Reden verkün-

---

* Dieses und die Führerzitate auf den Seiten 72ff., 157 mit Genehmigung des Zentralverlags der NSDAP., Franz Eher Nachf. GmbH., München.

deten Angebote ernst genommen oder sich wenigstens herbeigelassen, mit ihm darüber zu verhandeln, dann hätte sich der neue Weltkrieg vermeiden lassen. Eine Generation von Männern im besten Alter, unzählige unschuldige Zivilisten hätten gerettet und Hunderte von Millionen in der Welt hätten zu einem besseren Zweck verwendet werden können als zu dem Versuch, die abendländische Kultur auf unabsehbare Zeit hinaus zu zerstören. Aber man wollte Friedensstimmen, die von dieser Stelle her ertönten, kein Gehör schenken, man zog die Totenglocken vor, deren unheilvoller Klang den großen Völkern wieder und wieder ein hoffnungsloses „Zu spät" verkündete, denselben Völkern, die auch jetzt wie im ersten Weltkrieg — als ob sie von bösen Mächten verhext wären — gern alles für das eine Ziel opferten: Deutschlands Vernichtung, Germaniam esse delendam.

Die eigentliche Ursache für diese unglückliche Entwicklung liegt darin, daß die Erben des Vertrages von Versailles nie erkannt haben, daß die Machtergreifung durch Adolf Hitler und die NSDAP. etwas grundlegend anderes war als einer der gewohnten Regierungswechsel. Nicht eine starke Partei löste eine schwächere ab, sondern eine revolutionäre Bewegung mit totalem Machtanspruch trat an. Geboren aus den Erfahrungen, daß Deutschland zum Wiedergesunden niemals auf Hilfe von außen, sondern nur auf seinen eigenen Willen rechnen könne, entschlossen, den Wiederaufstieg unter allen Umständen durchzuführen, trat die Regierung Adolf Hitlers an die Stelle eines schwachen, innerlich uneinigen, in 32 Parteien zerrissenen Parlaments und einer ebenso schwachen Regierung, die von diesem wankelmütigen Parlament abhängig und im Volke selbst wurzellos war.

Hätte man dieses umwälzend Neue erkannt und sich bemüht, mit der nationalsozialistischen Regierung in Verhandlungen zu kommen, dann wäre sie gewiß dazu bereit gewesen. Die verschiedenen Angebote Adolf Hitlers beweisen das. Er hatte in diesen Jahren so viel mit der Durchsetzung seiner Gedanken auf innerpolitischem Gebiet, mit der Einigung des ganzen Volkes zu tun, daß er gewiß bereit gewesen wäre, eine auch von den andern erstrebte Aussöhnung mit dem deutschen Volk zur Grundlage seiner Außenpolitik zu machen. Die Opfer, die die andern hätten bringen müssen, waren, gemessen an einer kriegerischen Auseinandersetzung, lächerlich gering.

Frankreich hätte nur auf die Abstimmung im Saargebiet zu verzichten brauchen, deren Ausgang unzweifelhaft war, um viel Konfliktstoff aus der Welt zu schaffen. Weiter wäre Geneigtheit zur Rückgabe der unter französisches Mandat gekommenen deutschen Kolonien ein großer Schritt zur Bereinigung der Atmosphäre gewesen. Frankreich mit seiner stetig sinkenden Geburtenziffer und seinem Parteihader war ohnehin ungeeignet, seinen ganzen riesigen Kolonialbesitz zum Besten der Eingeborenen und der Allgemeinheit zu verwalten. Adolf Hitler war sogar willens, auf Elsaß-Lothringen zu verzichten, wenn dadurch ein Modus vivendi mit Frankreich erreicht werden konnte. Statt dessen war Frankreich zu keinem Zugeständnis bereit, verstärkte im Gegenteil dauernd den eisernen Ring, den es durch Bündnisse schon seit Versailles um Deutschland gelegt hatte.

Mit England wurde das Flottenabkommen geschlossen. Aber in der Bewaffnungsfrage und hinsichtlich der Kolonien blieb England genau so starr wie Frankreich, obwohl es in Großbritannien mehr einsichtige Menschen gab, die besonders in der Kolonialfrage eine Revision befürworteten.

Alle Angebote Adolf Hitlers wurden hochmütig zurückgewiesen und von vornherein als unehrlich angesehen. Man betrachtete sie immer als eine Drohung gegen sich selbst, nie als den Versuch eines lange gedemütigten großen Volkes, wieder als gleichberechtigt in den Kreis der andern großen Nationen einzutreten. Man nahm Anstoß an manchen Maßnahmen der deutschen Regierung und übersah mit Absicht das Große und Gute im neuen Deutschland. Statt nur unfruchtbare Kritik zu üben, die niemand nützte, hätte man lieber eine Aussöhnung versuchen sollen, die Deutschland selbst anstrebte, dann hätte sich vieles auch im inneren Leben Deutschlands gelöst.

Es ist durchaus nicht so, daß der jetzige Kampf zwischen England und Deutschland erst ein Ergebnis der letzten neun Jahre sei, begünstigt durch Neid auf das reiche Empire auf der einen, Indolenz herrschender Klassen auf der andern Seite oder durch den Gegensatz der beiden Weltanschauungen. Dazu gab es auch in diesen neun Jahren zuviel ehrliche Versuche der Anbahnung einer Freundschaft, gleichfalls auf beiden Seiten. Die Gegensätze liegen tiefer, und es ist nicht ohne Interesse, ein paar Bücher in die Hand zu nehmen, die sie aufdecken und von Menschen beider Länder geschrieben sind, die man nicht zu den Imperialisten zählen kann.

Der Deutsche, den ich zitieren möchte, ist der Sozialdemokrat Paul Lensch, ein Abgeordneter des früheren Reichstags, also gewiß nicht jemand, den man einen Wegbereiter Adolf Hitlers nennen kann. Er sah schon den Weltkrieg als ein revolutionäres Geschehen an, eine Austragung der Gegensätze zwischen den Besitzenden und den Besitzlosen, und erhoffte von ihm, als Vertreter der ehemaligen deutschen Arbeiterklasse, außerdem eine Demokratisierung Englands. Nach seiner Ansicht — und sie wird heute von vielen geteilt, auch in Amerika und in England selbst — ist England gar keine Demokratie, und das alte England zu retten, bedeutet keinen Kampf für, sondern einen gegen die Demokratie. Lensch nannte sein kleines Buch „Drei Jahre Weltrevolution" (Berlin, S. Fischer, 1918). Darin hieß es: „Das sogenannte Gleichgewicht der Mächte', das auf einem schwachen Mitteleuropa aufgebaut war, brach in sich zusammen. Man kann nicht leugnen, daß die alten Mächte, vor allem England, alles versucht hatten, um dieses Gleichgewicht der Mächte aufrechtzuerhalten. Bei jedem Versuche des deutschen Finanzkapitals, den gesteigerten Energien der deutschen Volkswirtschaft neue Gebiete zu erschließen, trat ihm England entgegen. Es galt ja, den ‚bestehenden Zustand' zu erhalten.

Und je mehr Deutschlands Wirtschaftskräfte an ihren Ketten rüttelten, je mehr — marxistisch gesprochen — die riesenhaft entwickelten Produktivkräfte des organisierten deutschen Kapitalismus gegen die vorhandenen Produktionsverhältnisse oder, was nur ein juristischer Ausdruck dafür ist, gegen die Eigentumsverhältnisse in der Welt rebellierten, desto kräftiger schmiedete England diese Fesseln, desto zäher suchte es die bestehenden ‚Eigentumsverhältnisse' in der Welt festzuhalten und auszubauen. Es verwandelte ein Viertel der ganzen Erde in englisches ‚Eigentum', die Hälfte dieser Ländermasse wurde erst in den letzten fünfzig Jahren englisch. Und daneben lud es die andern wirtschaftlich ebenfalls rückständigen Länder, Frankreich und Rußland, ein, sich rasch mit ‚Eigentum' zu versehen. So war bei Beginn des Kriegs ein Viertel der Welt englisch, ein Sechstel russisch, ein Zwölftel französisch. Deutschland besaß mit Einschluß seiner Kolonien ein Vierzigstel. Je mehr der deutsche Kapitalismus ein Betätigungsfeld nach außen suchen mußte, weil seine überquellenden Wirtschaftskräfte schon lange danach verlangten, desto heftiger suchten die andern Mächte, die kaum imstande waren, die Bedürfnisse des eigenen Marktes zu befriedigen und den arbeitenden Klassen durch Arbeitsgelegenheit im Innern den Zwang zur Auswanderung abzunehmen, den Rest der Welt für sich zu annektieren. Durch diese Annektionen wurde das Betätigungsfeld für den deutschen Kapitalismus mehr und mehr eingeschränkt; denn es ist bekannt, welche überragende Rolle die Kolonien immer nur für das Kapital des Mutterlandes spielen, indem sie dem fremden Kapital stets mehr oder weniger große Hindernisse in den Weg legen. Selbst der englische Handel war auf neutralem Boden, wo die Gunst des Kolonialbesitzes wegfiel, dem deutschen vor dem Kriege schon sehr beträchtlich unterlegen. So legten sich die in ihrer Ökonomie stagnierenden Länder, England als großbürgerlicher, Frankreich als kleinbürgerlicher Rentnerstaat, wie fette Katzen auf ihr ‚Eigentum' und ließen das vorwärtstreibende deutsche Element nirgends ankommen. Es war das sicherste Mittel, die vorhandenen Gegensätze zur gewaltsamen Entladung zu treiben. Das Ergebnis war die Revolution des Weltkriegs...

„Was bedeutete nun der langsame deutsche Aufstieg für die andern Völker? In erster Linie für die beiden großen Völker des Westens, die Franzosen und die Engländer? Er bedeutete, daß die passive Grundlage, auf der beide Nationen ihre Weltstellung aufgebaut hatten, plötzlich aktiv wurde und in Bewegung geriet. Das mußte über kurz oder lang zum Zusammenbruch führen. Die französische wie englische Weltstellung war nur bei einem politisch ohnmächtigen und wirtschaftlich schwachen Deutschland aufrechtzuerhalten, darüber waren sich beide Mächte klar. So lange und so erbitterte Kämpfe sie gegeneinander durchgeführt hatten, ein ohnmächtiges Deutschland war die gemeinsame Voraussetzung für beide...

„Man muß sich klarmachen, daß die Ausnahmestellung Englands ihr geschichtliches Widerspiel hatte in der Ausnahmestellung Deutschlands. Die eine hatte die andere zur Voraussetzung. Der Unterschied war nur, daß die Ausnahmestellung Englands in seiner Weltherrschaft, die Ausnahmestellung Deutschlands in seiner Weltdienstbarkeit bestand. Sobald das eine aufhörte, mußte auch das andere zusammenbrechen...

„Ohne schwere soziale Unruhen wird auch England diesen Krieg nicht überwinden, dazu ist die Erschütterung für den Thron der alten Seekönigin denn doch zu groß. Zum ersten Male fließt in einem englischen Kriege englisches Bürgerblut, und zum ersten Male seit dem Abfall der amerikanischen Kolonien macht England die Entdeckung, daß es auch Kriege gibt, die nicht bloß fröhliche Raubzüge und Gelegenheiten zu phantastischer Bereicherung seiner Söldner und zur Eroberung wehrloser Kolonialgebiete sind. Zum ersten Male bekommt es einen Schimmer davon, was eigentlich der Krieg ist, den es bisher als seine wichtigste und ergiebigste Industrie betrachtet hat und in dessen Elend andere Völker zu stürzen eine der ältesten Traditionen seiner glorreichen Politik gewesen ist."

Dies sind Stellen aus dem Buch eines linksstehenden Politikers. Beinahe noch interessanter ist es, wenn der Verfasser seine Überzeugung entwickelt, daß England durch den Weltkrieg gezwungen würde, eine durchgreifende Reform seines Sozialsystems durchzuführen. Damit würde es aus einem rein imperialistischen Staat, der alle Wettbewerber unterjochen muß, zu einem Gliede der nach dem Krieg erhofften demokratischen Völkerfamilie werden. Wir wissen, daß diese Hoffnungen sich nicht erfüllten, denn der Weltkrieg nahm infolge der Hilfe der Vereinigten Staaten einen andern Ausgang. Das imperialistisch-kapitalistische System Englands ging aus ihm gestärkt hervor, die Ansätze zu einer besseren Sozialordnung wurden im Keim erstickt; daran ändert auch nichts, daß die Labour-Partei heute in der Kriegsregierung Englands sitzt.

Der Ire C. I. O'Donnell hat lange einen irischen Wahlkreis im Unterhaus vertreten. Sein Buch „The Lordship of the World" (London 1924) wirft auf die Politik Englands vor und im ersten Weltkrieg einige bezeichnende Schlaglichter, die auch die britische Politik vor dem jetzigen Krieg bloßstellen, da sie sich in ihren Grundsätzen nicht geändert hat. O'Donnell schreibt: „Die Kamarilla, die insgeheim, ohne daß das englische Volk es ahnte, die auswärtige englische Politik beherrschte, hatte das ‚Delenda est Germania' (Deutschland muß vernichtet werden) zur allgemeinen politischen Leitlinie erhoben und arbeitete unaufhörlich und mit nie erlahmender Tatkraft auf dieses Ziel hin. Die ‚Times' vom 4. Dezember 1914 sagt: ‚Die Aufrechterhaltung unserer Vorherrschaft zur See und das Gleichgewicht der Mächte gehören zu den Grundtatsachen unserer politischen Überlieferung. Wir haben immer für das Gleichgewicht der Mächte gekämpft, und wir werden immer dafür kämpfen.' Da haben Sie das imperialistische Irrlicht! Ich behaupte nicht, daß es eine schlechte Politik wäre, aber eine Vorherrschaft, die beste, die die Welt je gesehen hat, ist darüber zerbrochen, um, wie ich fürchte, nie wieder errichtet zu werden: das weltweite Übergewicht des Britischen Empire. Wenn eine Nation es zu ihrer Politik macht, gegen jede andere Nation, die Zeichen der Stärke zeigt, Ränke zu spinnen und Bündnisse zu schließen, so treibt sie mit absoluter Sicherheit auf einen Krieg zu... England kann nie wieder die größte Macht der Welt werden, es sei denn durch die Erneuerung seiner früheren Freundschaft mit Deutschland... Das ist die volle Wahrheit. England als Kolonialmacht verdankt seine größten überseeischen Eroberungen der preußischen Hilfe. Auch Waterloo wäre zu einem Fontenoy geworden, hätten nicht Blüchers tapfere Bataillone sich durch die Nacht hindurchgekämpft, um Wellington zu Hilfe zu kommen... Selbst unmittelbar vor dem Krieg konnte der Durchschnittsdeutsche nicht glauben, daß England sein Feind wäre... Es kann kein Schatten eines Zweifels darüber bestehen, daß es in erster Linie der Handelsneid war, der das Gefühl der Engländer gegen Deutschland wandte. Die große freihandelsgegnerische Zeitung ‚Morning Post' ließ am 15. Mai 1916 die Katze aus dem Sack mit den Worten: ‚Vor dem Krieg sank England in die Lage industrieller und handelsmäßiger Abhängigkeit von Deutschland.' Der britische Handel vor dem Krieg im Sinken! Das ist entweder wirtschaftliche Idiotie oder absichtliche Lüge. Vor dem Krieg blühte und gedieh der britische Handel aufs herrlichste, hauptsächlich infolge der Entwicklung unseres Handels mit Deutschland und den Vereinigten Staaten. Lord Rothermere stellte im ‚Sunday Pictoral' vom 25. November 1923 fest: ‚In den letzten 25 Jahren vor dem Krieg wurde der britische Handel nicht so sehr durch seine eigene Schwerkraft vorwärts getrieben als durch den schnell wachsenden Wohlstand der Welt im allgemeinen.' Diese Feststellung bedeutet, wenn sie überhaupt etwas bedeutet, daß, soweit Europa betroffen war, der britische Handel durch den deutschen Handel gefördert wurde... Wenn wir den deutschen Handel vernichten, schneiden wir uns selbst die Kehle durch. Die zweite ‚Rechtfertigung' für Englands Politik allgemeiner Feindseligkeit gegenüber Deutschland in den frühen Jahren unseres Jahrhunderts war zweifellos ein aufrichtiger Glaube, daß das Deutsche Reich eine große Kriegsflotte baue mit der Absicht, sie gegen die britische Flotte einzusetzen... Es gab aber einen andern und viel dringenderen Grund für Deutschlands Flottenbau als den Wunsch, Englands Allmacht zur See herauszufordern. Da waren noch Frankreich und Rußland in der Welt, die sich beide vorbereiteten, über Deutschland herzufallen, und beide hatten große Flotten und Programme zu ihrem Ausbau... War nicht Deutschlands Flottenbauprogramm gerechtfertigt, um den Ostseehandel Danzigs und Memels gegen Rußland zu schützen und den noch weit umfangreicheren Atlantikhandel Hamburgs und Bremens gegen Frankreich zu sichern?... Die Asquith-Greysche Politik hatte England zum Kriege verpflichtet Jahre vor der vorgeblichen Parlamentsbefragung am 4. August 1914. Der unnachahmliche Winston Churchill erzählt uns in seinem Buch ‚World Crisis', daß er die Mobilisierung der Flotte angeordnet hat, ohne das Kabinett zu befragen. Genau so wie Mr. Asquith den Krieg erklärt hat, ohne das Ober- und Unterhaus zu befragen, die zu der Zeit im Parlament versammelt waren. Die offenkundige Verachtung der ‚Morning Post' gegenüber sogenannten repräsentativen und demokratischen Einrichtungen war völlig gerechtfertigt durch die Taten und geheimen Ränke zweier liberaler Premierminister."

Die Frage, warum es zum neuen Weltkrieg kam, ist nicht nur damit zu beantworten, daß die Grundlage in den Friedensverträgen von 1919 gelegt wurde, oder in der Niederhaltung Deutschlands und seiner Verbündeten nach dem ersten Weltkriege, oder in der Fortsetzung der uralten Politik Großbritanniens und Frankreichs. Der entscheidende Anstoß kam von jenseits des Atlantischen Ozeans.

4. DIE SOZIALEN VERHÄLTNISSE DER VEREINIGTEN STAATEN ZWISCHEN DEN BEIDEN WELTKRIEGEN

Auch die Vereinigten Staaten hatten nach dem ersten Weltkrieg, der die Nationalschuld um 22 Milliarden Dollar vergrößert hatte, wirtschaftliche Schwierigkeiten und soziale Notstände. Es war die Zeit der Depression, der Arbeitslosigkeit und des New Deal.

Die Nachfolger Wilsons, besonders Harding, waren schwach und ideenlos; auch Hoover konnte den Sturz nicht aufhalten. Da auch der Warenabsatz nach außeramerikanischen Ländern infolge der allgemeinen Verarmung durch den ersten Weltkrieg stockte, raste wie die Vereinigten Staaten die ganze Welt der großen Depression zu. Zwischen 1929 und 1932 fiel das Nationaleinkommen der Vereinigten Staaten, soweit es durch den Dollarumlauf ausgedrückt werden kann, von 80,1 auf 40 Milliarden Dollar, der Wert der Gesamtproduktion von 66,3 auf 40,7 Milliarden Dollar. Dem Arbeitsmangel fielen die Arbeiter zum Opfer, die zunächst mit Kurzarbeit bei sinkenden Löhnen beschäftigt, bald darauf einfach entlassen wurden. Die Zahl der Arbeitslosen ist niemals genau festzustellen gewesen, Charles R. Beard und George H. E. Smith schätzen, daß sie von ungefähr 2 Millionen im Jahre 1929 auf 13 bis 14 Millionen im Jahre 1932 anstieg. Das Arbeitseinkommen in der Industrie fiel gleichzeitig um 41 Prozent, von 50 auf 29 Milliarden Dollar.

Die Landwirtschaft litt in ähnlicher Weise. Der Wert der gesamten landwirtschaftlichen Produkte, d. h. der, die der Farmer verkauft, wie der, die er für den eigenen Verbrauch verwendet, sank nach der gleichen amerikanischen Quelle zwischen 1929 und 1932 von 12094 auf 5284 Millionen Dollar, die Preise, die der Farmer erzielte, von der Indexziffer 146 auf die Indexziffer 65, während die Preise der industriellen Produkte, die der Farmer für den eigenen Bedarf anschaffen mußte, zwar auch sanken, ihre entsprechenden Indexziffern — 153 zu 107 — aber immerhin für die Industrie noch günstiger lagen, dadurch allerdings dem Farmer neue Lasten auferlegten.

Die erste Amtszeit Mr. Roosevelts war von energischen Handlungen erfüllt, diesen Sturz der amerikanischen Wirtschaft aufzuhalten und durch den New Deal ein System aufzubauen, das sie wieder gesund machte. Da Roosevelt fast gleichzeitig mit Adolf Hitler zur Macht kam, dessen erste Aufgaben gleichfalls der Belebung der Wirtschaft und der Behebung der Arbeitslosigkeit galten, beobachtete man in Deutschland und Europa mit besonderem Verständnis und Interesse die Wege, die Roosevelt einschlug. Alle diese Wege im einzelnen zu schildern, liegt außerhalb der Aufgaben dieses Buches. Uns interessieren hier nur die Ergebnisse des an sich schweren Kampfes gegen Banken, industrielle Konzerne, gegen die landwirtschaftliche Überproduktion wie für die Gesundung der Landwirtschaft, gegen Arbeitslosigkeit mit der Inangriffnahme öffentlicher Arbeiten, Arbeitslager usw. und für soziale Sicherheit und Wohlfahrt.

Die Ergebnisse aber sind des großen Aufwands nicht wert. Wirtschaftlich gesehen, hat der New Deal wenig oder nichts erreicht, weil er die Profitgier der privaten Interessenten nicht eindämmen konnte oder wollte. Die amerikanische Bundesregierung hat sich durch ihr Eindringen mit Subventionen und Beteiligungen nur in alle glücklichen und unglücklichen Abenteuer der Banken und Industriekonzerne verstrickt. Die nationale Verschuldung nahm bereits vor der Aufrüstung ungeheure Ausmaße an. Den Farmern ging es nicht besser als zuvor, im Gegenteil, etwa jeder vierte Farmer mußte seinen Besitz wegen wirtschaftlichen Zusammenbruchs versteigern lassen; in immer größeren Massen mußten die kleinen Pächter nach dem Westen als Saisonarbeiter auf die Baumwollfelder und Fruchtplantagen auswandern, oder sie wurden arbeitslos. Subventionen an die Farmer wurden nach dem Umfang dessen bemessen, was sie nicht anbauten, während außerhalb der Westlichen Hemisphäre Millionen hungerten, weil sie wegen der hohen Zollmauern, mit denen sich die Vereinigten Staaten umgaben, an sie nichts verkaufen und daher auch den landwirtschaftlichen Überschuß nicht von ihnen kaufen konnten. Die Arbeitslosenzahl war bis zum 2. September 1940 erst auf neun Millionen Menschen gesunken, von denen nach einer Schätzung der „New York Times" auch das Aufrüstungsprogramm nur drei Millionen absorbieren könne.

Roosevelts New Deal brachte zunächst eine große Zahl von Gesetzen und Gesetzesvorschlägen hervor, die das Land annahm, überrascht von der Aktivität des neuen Präsidenten und begeistert, daß aus dem in Lethargie versunkenen Weißen Hause überhaupt etwas herauskam, das nach einer Wendung von Depression zu Prosperität aussah. In den Kreisen der großen Geschäftsleute und Konzerne regte sich sofort Widerstand, weil sie ihre skrupellos ausgenutzten Privilegien in Gefahr sahen. Alle Maßnahmen Roosevelts bauten sich auf der Lehre von der Kaufkraftsteigerung auf. Ihr entsprangen die großen öffentlichen Arbeiten, die eine ganze Anzahl von Einzelmaßnahmen vorsahen, beim Tennessee-Valley-Projekt zum Beispiel Flußregulierungen, Deichbauten, Elektrizitätserzeugung durch Ausnutzung der Wasserkraft, Beseitigung von Erosionsschäden an den Flußufern und damit Verbesserung der landwirtschaftlich nutzbaren Fläche und Hebung der Viehwirtschaft. Durch die Bauten erhielten tatsächlich viele Menschen Arbeit, eine kleinere Anzahl Farmer erlebte eine Besserung ihrer Lage. Aber nach kurzer Zeit bemächtigten sich doch wieder die großen Privatgesellschaften des als gemeinnützigen Plan gedachten Werks, es blieb stecken, und inzwischen hatte gerade die von dem späteren Präsidentschaftskandidaten Wendell Willkie vertretene Elektrizitätsgesellschaft mit dem Ankauf von Teilen des Regierungsprojekts ein glänzendes Geschäft gemacht.

Auch die Sozialgesetzgebung des New Deal, auf die Roosevelt besonders stolz war, weil sie die erste überhaupt in den Vereinigten Staaten eingeleitete sozialpolitische Maßnahme von seiten der Regierung ist, erreicht bei weitem nicht die Leistungen, die in europäischen Ländern, wie bei uns in Schweden, in der Schweiz oder in Deutschland, vom Staat und den Versicherten aufgebracht werden. Das gleichfalls mit viel Reklame betriebene Werk der Arbeitsbeschaffung und Herstellung gemeinnütziger Arbeiten in der „Works Progress Administration" und der „Public Works Administration" ist Stückwerk geblieben, weil die Arbeiter dort nur für begrenzte Zeit unterkamen, schlecht bezahlt wurden (55 Dollar je Kopf und Monat) und ohne Rücksicht auf ihre Berufsvorbildung die Arbeit eines ungelernten Arbeiters tun müssen, jede Fortbildung oder auch nur Erhaltung ihrer Fähigkeiten also behindert ist.

Eine andere Einrichtung des New Deal waren die Arbeitslager des „Civilian Conservation Corps" (CCC), in denen arbeitslose junge Männer zur Durchführung öffentlicher Arbeiten eingesetzt wurden, wie zur Bekämpfung der durch Vernachlässigung des Bodens und falschen Anbaus entstandenen Erosionen, Anlagen von National Parks, Einrichtung von Naturschutzgebieten usw. Schon die Beschränkung auf junge Arbeitslose in den CCC zeigt den Unterschied dieser Einrichtung zum Arbeitsdienst in Deutschland und andern europäischen Ländern. Die CCC sind eine Notstandsmaßnahme, keine Organisation zur Ertüchtigung und nationalen Erziehung der gesamten Jugend. Der New Deal ist mit großem Schwung begonnen worden und dann schnell versackt und versandet.

Nur noch ein paar Worte über die soziale Ungleichheit in dem Lande, das nach seiner Verfassung jedem Menschen gleiche Möglichkeiten bieten soll. Eine große Scheidelinie trennt die südlichen Staaten der Union von den nördlichen. Vor dem

Bürgerkriege von 1861—1865 zerfielen sie in die Staaten, in denen Sklaven gehalten wurden, und die, in denen die Sklaverei verworfen wurde. Die Sklaverei ist abgeschafft, aber die Wirtschaftsnöte verdammen Weiße und Farbige in den Südstaaten noch immer zu einem Sklavendasein — soweit nicht die Weißen aus den nördlichen Staaten kamen, um hier unten, wo die Löhne niedrig und die Lebensbedingungen günstig sind, Fabriken einzurichten und noch größere Gewinne einzustreichen, als es ihnen im Norden möglich wäre. Auch der New Deal und seine Sozialgesetzgebung zieht die Scheidelinie.

Die Works Progress Administration (WPA) hat 1936 berichtet, daß die von ihr gezahlten Löhne für Notstandsarbeiten des New Deal je Kopf und Monat für die gesamten Staaten 54,87 Dollar betrugen. Betrachtet man aber nur die Südstaaten, dann ist der Durchschnittssatz für den Staat Mississippi 30,54 Dollar, für Arkansas 31,54 Dollar, für Georgia 32,34 Dollar, South Carolina 33,19 Dollar, Alabama 33,31 Dollar.

Das Social Security Bulletin wies im Juli 1939 nach, daß an Altersrenten vom Social Security Board in den Vereinigten Staaten je Kopf und Monat 19,47 Dollar gezahlt wurden. In Alabama aber war der Satz nur 9,43 Dollar, in South Carolina 8,18 Dollar, in Georgia 8,12 Dollar, in Mississippi 7,37 Dollar und in Arkansas nur 6,00 Dollar.

Ich fühle mich berechtigt, diese inneren Angelegenheiten Amerikas zu erwähnen, denn auch sie beweisen, daß Roosevelt trotz aller schönen Versicherungen nicht in der Lage war, in dem ungeheuer reichen Lande jedem Bewohner „die Freiheit von der Not“ zu sichern, die er als eins der Kriegsziele der ganzen Welt versprach. Wer in Amerika die bittere Wahrheit hinter den Schlagwörtern sah, hat auf das Versagen Roosevelts auf innerpolitischem Gebiet hingewiesen, und viele haben erkannt, daß dies einer der Hauptgründe für das Ablenken auf außenpolitische Abenteuer war.

5. ROOSEVELT UND DAS ERSTE KRIEGSJAHR IN EUROPA

Man kann beim Studium der Geschichte der neuen Zeit selten mit Sicherheit sagen, daß ein Krieg zwischen zwei Ländern oder zwei Mächtegruppen an dem Tag und zu der Stunde der Kriegserklärung oder der ersten Kampfhandlungen begann. Auch bei den beiden Weltkriegen, die die jetzt lebende Generation über sich ergehen lassen muß, reichen die Ereignisse weit zurück, die den Krieg schließlich unabwendbar machten. Die Schüsse von Sarajewo fielen nicht von ungefähr, sondern zerrissen mit ihrem Schall das dunkle Gewölk, das sich schon lange über Europa zusammenbraute.

Noch weniger hat der zweite Weltkrieg am 1. September 1939 in dem Augenblick begonnen, in dem deutsche Truppen die polnische Grenze überschritten. Er ist aus dem ersten Weltkrieg geboren, zum mindesten in der Stunde, da die Vertreter von zweiunddreißig Nationen im Spiegelsaal von Versailles ihre Unterschrift unter ein Dokument setzten, das als Friedensvertrag bezeichnet wurde, ohne es zu sein.

Vor dem 1. September 1939 lagen die Tage und Jahre des Waffenstillstands, der am 11. November 1918 begann und am 28. Juni 1919 in veränderter Form erneuert wurde, lagen der deutsch-polnische Vertrag vom 26. Januar 1934, das Abkommen von München vom 30. September 1938, das britisch-französische Garantieversprechen an Polen, das dieses verblendete Land das Wagnis unternehmen ließ, Hitlers großzügiges Angebot einer friedlichen Lösung der deutsch-polnischen Streitfragen vom 29. August 1939 unbeachtet zu lassen. Dieses Angebot war so wichtig und seine Verwerfung so unbegreiflich, daß ich die 16 Punkte hier wörtlich folgen lasse:

1. Die Freie Stadt Danzig kehrt auf Grund ihres rein deutschen Charakters sowie des einmütigen Willens ihrer Bevölkerung sofort in das Deutsche Reich zurück.

2. Das Gebiet des sogenannten Korridors, das von der Ostsee bis zu der Linie Marienwerder-Graudenz-Kulm-Bromberg (diese Städte einschließlich) und dann etwa westlich nach Schönlanke reicht, wird über seine Zugehörigkeit zu Deutschland oder zu Polen selbst entscheiden.

3. Zu diesem Zweck wird dieses Gebiet eine Abstimmung vornehmen. Abstimmungsberechtigt sind alle Deutschen, die am 1. Januar 1918 in diesem Gebiet wohnhaft waren oder bis zu diesem Tage dort geboren wurden, und desgleichen alle an diesem Tage in diesem Gebiet wohnhaft gewesenen oder bis zu diesem Tage dort geborenen Polen, Kaschuben und so weiter. Die aus diesem Gebiet vertriebenen Deutschen kehren zur Erfüllung ihrer Abstimmung zurück. Zur Sicherung einer objektiven Abstimmung sowie zur Gewährleistung der dafür notwendigen umfangreichen Vorarbeiten wird dieses Gebiet ähnlich dem Saargebiet einer sofort zu bildenden internationalen Kommission unterstellt, die von den vier Großmächten, Italien, Sowjetunion, Frankreich, England, gebildet wird. Diese Kommission übt alle Hoheitsrechte in diesem Gebiete aus. Zu dem Zweck ist dieses Gebiet in einer zu vereinbarenden kurzen Frist von dem polnischen Militär, der polnischen Polizei und den polnischen Behörden zu räumen.

4. Von diesem Gebiet bleibt ausgenommen der polnische Hafen Gdingen, der polnisches Hoheitsgebiet ist, soweit er sich territorial auf die polnische Siedlung beschränkt. Die näheren Grenzen dieser polnischen Hafenstadt wären zwischen Deutschland und Polen festzulegen und nötigenfalls durch ein internationales Schiedsgericht festzusetzen.

5. Um die notwendige Zeit für die erforderlichen umfangreichen Arbeiten zur Durchführung einer gerechten Abstim-

mung sicherzustellen, wird diese Abstimmung nicht vor Ablauf von zwölf Monaten stattfinden.

6. Um während dieser Zeit Deutschland seine Verbindung mit Ostpreußen und Polen seine Verbindung mit dem Meere unbeschränkt zu garantieren, werden Straßen und Eisenbahnen festgelegt, die einen freien Transitverkehr ermöglichen. Hierbei dürfen nur jene Abgaben erhoben werden, die für die Erhaltung der Verkehrswege beziehungsweise für die Durchführung der Transporte erforderlich sind.

7. Über die Zugehörigkeit des Gebietes entscheidet die einfache Mehrheit der abgegebenen Stimmen.

8. Um nach erfolgter Abstimmung — ganz gleich, wie diese ausgehen möge — die Sicherheit des freien Verkehrs Deutschlands mit seiner Provinz Danzig-Ostpreußen und Polen seine Verbindung mit dem Meere zu garantieren, wird, falls das Abstimmungsgebiet an Polen fällt, Deutschland eine exterritoriale Verkehrszone, etwa in Richtung von Bütow-Danzig beziehungsweise Dirschau, gegeben zur Anlage einer Reichsautobahn sowie einer viergleisigen Eisenbahnlinie. Der Bau der Straßen und der Eisenbahn wird so durchgeführt, daß die polnischen Kommunikationswege dadurch nicht berührt, das heißt entweder über- oder unterfahren werden. Die Breite dieser Zone wird auf einen Kilometer festgesetzt und ist deutsches Hoheitsgebiet.

Fällt die Abstimmung zugunsten Deutschlands aus, erhält Polen zum freien und uneingeschränkten Verkehr nach seinem Hafen Gdingen die gleichen Rechte einer ebenso exterritorialen Straßen- beziehungsweise Bahnverbindung, wie sie Deutschland zustehen würden

9. Im Falle des Zurückfallens des Korridors an das Deutsche Reich erklärt sich dieses bereit, einen Bevölkerungsaustausch mit Polen in dem Ausmaß vorzunehmen, als der Korridor hierfür geeignet ist.

10. Die etwa von Polen gewünschten Sonderrechte im Hafen von Danzig würden paritätisch ausgehandelt werden mit gleichen Rechten Deutschlands im Hafen von Gdingen.

11. Um in diesem Gebiet jedes Gefühl einer Bedrohung auf beiden Seiten zu beseitigen, würden Danzig und Gdingen den Charakter reiner Handelsstädte erhalten, das heißt ohne militärische Anlagen und militärische Befestigungen.

12. Die Halbinsel Hela, die entsprechend der Abstimmung entweder zu Polen oder zu Deutschland käme, würde in jedem Fall ebenfalls zu demilitarisieren sein.

13. Da die deutsche Reichsregierung heftigste Beschwerden gegen die polnische Minderheitenbehandlung vorzubringen hat, die polnische Regierung ihrerseits glaubt, auch Beschwerden gegen Deutschland vorbringen zu müssen, erklären sich beide Parteien damit einverstanden, daß diese Beschwerden einer international zusammengesetzten Untersuchungskommission unterbreitet werden, die die Aufgabe hat, alle Beschwerden über wirtschaftliche und physische Schädigungen sowie sonstige terroristische Akte zu untersuchen. Deutschland und Polen verpflichten sich, alle seit dem Jahre 1918 etwa vorgekommenen wirtschaftlichen und sonstigen Schädigungen der beiderseitigen Minoritäten wiedergutzumachen, beziehungsweise alle Enteignungen aufzuheben oder für diese und sonstige Eingriffe in das wirtschaftliche Leben eine vollständige Entschädigung den Betroffenen zu leisten.

14. Um den in Polen verbleibenden Deutschen sowie den in Deutschland verbleibenden Polen das Gefühl der internationalen Rechtlosigkeit zu nehmen und ihnen vor allem die Sicherheit zu gewähren, nicht zu Handlungen beziehungsweise zu Diensten herangezogen werden zu können, die mit ihrem nationalen Gefühl unvereinbar sind, kommen Deutschland und Polen überein, die Rechte der beiderseitigen Minderheiten durch umfassendste und bindende Vereinbarungen zu sichern,

um diesen Minderheiten die Erhaltung, freie Entwicklung und Betätigung ihres Volkstums zu gewährleisten, ihnen insbesondere zu diesem Zweck die von ihnen für erforderlich gehaltene Organisierung zu gestatten. Beide Teile verpflichten sich, die Angehörigen der Minderheit nicht zum Wehrdienst heranzuziehen.

15. Im Falle einer Vereinbarung auf der Grundlage dieser Vorschläge erklären sich Deutschland und Polen bereit, die sofortige Demobilmachung ihrer Streitkräfte anzuordnen und durchzuführen.

16. Die zur Beschleunigung der obigen Abmachungen erforderlichen weiteren Maßnahmen werden zwischen Deutschland und Polen gemeinsam vereinbart.

Die diplomatischen Akten der neueren Geschichte werden kaum ein Schriftstück aufweisen, das diesem Vorschlag an Mäßigung, an Entgegenkommen und Verständnis für die Bedürfnisse eines andern Landes gleichkommt. Daß Polen ihn trotzdem nicht einmal einer Empfangsbestätigung für wert hielt, kann nur durch die inzwischen bekanntgewordene Tatsache erklärt werden, daß es sich nicht nur auf seine europäischen Freunde Großbritannien und Frankreich verließ, sondern vor allem auch auf die Unterstützung der Vereinigten Staaten. Roosevelt hatte sie ihm durch seine Botschafter in Warschau und Paris zusagen lassen.

In London ist behauptet worden, daß der deutsche Vorschlag so spät abgesandt wurde, daß die Warschauer Regierung gar nicht darauf antworten konnte. Der deutsche Einmarsch in Polen sei so schnell erfolgt, daß der ganze Vorschlag wahrscheinlich nicht ernst gemeint war.

Diese Behauptung ist unwahr. Der Londoner „Daily Telegraph", eine dem Foreign Office nahestehende Zeitung, hat in der Abendausgabe vom 31. August 1939 einen Bericht über Beratungen im englischen Kabinett veröffentlicht. In diesen sei zur Sprache gekommen, daß dem britischen Botschafter in

Berlin, Sir Nevile Henderson, vom deutschen Reichsaußenminister die deutschen Vorschläge über eine friedliche Beilegung des deutsch-polnischen Konflikts übermittelt worden seien. Er habe sie sofort nach London weitergemeldet, da sich die britische Regierung in einer Note vom 28. August 1939 gegenüber der deutschen Regierung bereit erklärt hatte, die Vermittlung zu übernehmen. Das Londoner Kabinett habe das deutsche Memorandum nach Warschau weitergeleitet, und die polnische Regierung habe nach seinem Empfang die Generalmobilmachung angeordnet.

In London hat der Bericht des „Daily Telegraph" große Bestürzung hervorgerufen, denn man war dort — mit Roosevelts Zustimmung — entschlossen, die Schuld am Ausbruch des Kriegs nach dem Vorbild von 1914 Deutschland zuzuschieben. Im britischen Blaubuch über den Kriegsausbruch und in den Erinnerungen Sir Nevile Hendersons „The Failure of a Mission" ist dieser Entschluß ausgeführt worden.

Die unbeabsichtigte Wahrheitsliebe des „Daily Telegraph" wurde dadurch zu vertuschen gesucht, daß die genannte Abendausgabe beschlagnahmt und die Redaktion veranlaßt wurde, eine zweite Spätausgabe herauszubringen, in deren Bericht über die Kabinettsberatung der für die britische Regierung so peinliche Satz über die polnische Generalmobilmachung nach Erhalt des deutschen Vorschlags entfernt war. Das Foreign Office hat aber nicht verhindern können, daß die erste Ausgabe des „Daily Telegraph" mit der Mitteilung bereits in die Hände einiger Menschen gekommen war, die sich für die wahren Umstände interessierten.

Der beispiellos schnelle Ablauf des deutschen Feldzuges gegen Polen ist in aller Erinnerung. Die versprochene Truppen- und Waffenhilfe der Mächte, die Polen durch ihre Garantie zum Widerstand gegen Deutschland ermutigt hatten, ist nie erfolgt. Polen ist von England, Frankreich und dem Amerika Roosevelts verraten worden.

Das amerikanische Volk ist durch seine Presse und Regierung über diesen Polenfeldzug wie auch die andern Kriegsetappen getäuscht worden. Freunde, die die ersten Kriegsmonate in Amerika lebten, haben mir berichtet, daß in den Tagen vor dem Fall Warschaus und als die polnische Armee bereits vernichtet war, in amerikanischen Zeitungen zu lesen stand, die deutsche Armee sei aufgerieben, die Polen stünden nicht mehr weit von Berlin. Ähnlich klang es aus dem amerikanischen Rundfunk. Für Leser und Hörer, die das glaubten, hatte der schnelle und völlige Zusammenbruch Polens eine alarmierende Wirkung, die sich im weiteren Kriegsverlauf noch oft wiederholen sollte. Man fragt sich daher, mit welchen Nachrichten das amerikanische Leser- und Rundfunkpublikum wohl jetzt gefüttert wird, da amerikanische Land-, See- und Luftstreitkräfte selbst im Einsatz gegen einen siegreichen Gegner stehen? Nach Beendigung des Polenfeldzuges trat eine längere Pause in den direkten Kampfhandlungen ein.

Während des Winters 1939/40 waren gewisse Kreise in den Vereinigten Staaten mit dem Kriegsverlauf recht unzufrieden. Sie erfanden den Ausdruck vom faulen Krieg (phoney war), der nicht jeden Tag dicke Schlagzeilen für die amerikanische Sensationspresse lieferte. In Deutschland hat man von dieser Einstellung Amerikas wenig Notiz genommen, aber in Großbritannien hat man sich darüber — und mit Recht — sehr aufgeregt. Aus englischem Mund sind scharfe Worte über die Amerikaner gefallen, die in ihren wohlgeheizten Neuyorker und Washingtoner Schreibstuben saßen, ungestört durch abendliche Verdunklung und nächtliche Fliegeralarme, ungestört von Sorgen um die Erhaltung ihres Reiches, ihrer Nahrungsmittelversorgung und unbelastet durch Unruhe über das Schicksal ihrer Söhne und Brüder, und die doch andern Völkern den Rat erteilen wollten, wie sie den Krieg schneller, blutiger, opferreicher führen sollten. Daß in diese gerechtfertigte Empörung auch die Mahnung verflochten war, doch endlich selbst zu den Waffen zu greifen und den faulen Krieg in einen glänzenden Sieg zu verwandeln, ist nicht verwunderlich.

Es sollte auch nicht lange dauern, bis sich die Ereignisse in atemberaubender Folge überstürzten. Im April 1940 besetzten deutsche Truppen Dänemark und Norwegen. Diese Maßnahme mußte erfolgen, weil durch das Legen britischer Minenfelder vor der norwegischen Küste und den gemeldeten Anmarsch britischer Seestreitkräfte in Richtung auf Skandinavien ein britisch-französischer Angriff auf Deutschland vom Norden her zur Gewißheit geworden war. Daß die norwegische Regierung diesen Absichten nicht ablehnend gegenüberstand und daher nicht als neutral gelten konnte, ist erwiesen. Das deutsche Vorgehen, so bedauerlich es vielen erschien, war gerechtfertigt als Abwehr eines lebensgefährlichen Angriffs. Das neutral gebliebene Dänemark hat trotz geringfügiger deutscher Besatzung seine Selbständigkeit bewahrt.

Die britischen Truppen, denen an einigen Stellen eine Landung auf norwegischem Boden gelungen war, mußten sich vor der überlegenen Kriegskunst der Deutschen zurückziehen. Der direkte Angriff auf Deutschland von der britischen Insel her, also auf die Nordküste Deutschlands, erschien Großbritannien zu gefahrvoll und hätte den Einsatz der gesamten britischen Flotte bedingt, den es nicht wagte. Auch Frankreich ließ es bei verhältnismäßig geringfügigen Einbrüchen ins Saargebiet bewenden und verschanzte sich hinter der für unüberwindlich gehaltenen Maginotlinie — eine Taktik, die zu seinem Verhängnis führen sollte, denn aus der Maginotlinie ging der Maginotgeist hervor, der alle Initiative erstickte.

Gefahrloser als der Frontangriff erschien beiden Alliierten der Durchmarsch durch offiziell als neutral angesehenes Gebiet, durch Holland und Belgien, besonders deshalb, weil beide Länder sich durch Zugeständnisse ihrem Drängen gefügig gezeigt und ihre Truppen bereits mobilisiert hatten, nicht zur Aufrechterhaltung der strikten Neutralität, sondern zur einseitigen Abwehr gegen Deutschland. Ein von beiden Ländern begünstigter Durchmarsch alliierter Truppen aber hätte ihren Vorstoß auf das wichtigste deutsche Industriezentrum, das Ruhrgebiet, ermöglicht. Dagegen verteidigte sich Deutschland durch den Einmarsch in Luxemburg, Holland und Belgien im Mai 1940.

Die Empörung, die der Angriff Deutschlands auf „neutrale“ Länder im Lande Roosevelts auslöste, war gewaltig. Es unterliegt aber nach allen Erfahrungen der späteren Zeit wohl keinem Zweifel, daß die Teilnahme am Schicksal dieser „Neutralen“ sehr gering gewesen wäre, wenn Großbritannien und Frankreich schneller im Handeln gewesen wären und diese Länder zu ihrer Operationsbasis gegen Deutschland gemacht hätten. Damit war der Weg frei zum entscheidenden und hoffentlich letzten Waffengang zwischen den beiden kontinentalen Gegnern, die durch Jahrhunderte hindurch vom Schicksal gezwungen waren, ihre Gegensätze auf dem Schlachtfeld auszutragen: Deutschland und Frankreich. An Bemühungen hat es nicht gefehlt, auch ohne eine solche Entscheidung das deutsch-französische Verhältnis zu bereinigen, aber sie gingen doch nicht tief genug.

Es hat mich in der Nachkriegszeit stets sehr beeindruckt, wie gering die Haßgefühle gegen Frankreich im deutschen Volk waren, obwohl es doch gerade die französischen Staatsmänner gewesen sind, die Deutschland seit dem Waffenstillstand im November 1918 Demütigung auf Demütigung zufügten. Angefangen von der Geringschätzung, mit der Marschall Foch die deutschen Unterhändler im Walde von Compiègne empfing, über die Einsperrung der deutschen Friedensdelegation hinter eisernen Gittern in Versailles, die siegestrunkene Haltung Clemenceaus bei der Friedenskonferenz, die zumeist von Frankreich erzwungenen Verschärfungen der Waffenstillstands- und Friedensbedingungen, und die oft so überaus kränkenden und kleinlichen Maßnahmen, die sich französische Militärs und Politiker bei der Rheinland- und Ruhrbesetzung als bewußte Quälerei deutscher Männer und Frauen ausdachten, über die französische Saarpolitik, die Ausweisung der Deutschen aus Elsaß-Lothringen, über die schmachvolle Behandlung deutscher Kriegsgefangener in französischen Lagern Europas und Afrikas bis hin zur Reparationsforderung und zur großen Politik Frankreichs im Zusammenspiel mit Polen und den Ländern der Kleinen Entente mit dem Ziel der ewigen Entrechtung Deutschlands. Vielleicht kam das aus dem unbewußten Gefühl, daß die Franzosen auch nur Figuren in einem Schachspiel der angelsächsischen Länder waren.

Der Kampf in Frankreich war ebenso kurz wie hart. Die Maginotlinie war als Hemmnis für die vorwärtsstürmenden Heere bereits erledigt, ehe sie auch nur einen winzigen Bruchteil der in ihre Errichtung gesteckten Kosten gerechtfertigt hatte. Die französische Wehrmacht mit ihrer ruhmvollen Geschichte brach zusammen. Ihre Glieder waren zermürbt, weil sie den Sinn des Opfers nicht einsahen, das dieser neue Krieg von ihnen forderte.

Schon nach wenigen Wochen standen sich Franzosen und Deutsche wieder in einem Salonwagen im Walde von Compiègne gegenüber, aber aus den Besiegten von 1918 waren die Sieger von 1940, aus den Siegern von damals die Besiegten von heute geworden. Auch der Ton und die Bedingungen, unter denen die Verhandlungen geführt wurden, waren andere.

Das Schicksal Frankreichs entbehrt nicht der tragischen Größe; ich brauche nichts darüber zu sagen. Wohl aber will ich mich Amerika zuwenden, das bisher von Frankreich kaum mehr gewußt, als daß es in Paris die schönsten Kleider und die teuersten und amüsantesten Nachtlokale gab. Die Amerikaner klagten, als ob mit dem Fall Frankreichs das Beste ihrer eigenen Seele zerstört worden sei, als hätten auch sie mit Frankreich eine Heimat verloren. Gewiß mag es mancher damit ehrlich gemeint haben, aber in der Masse waren sie wohl mehr davon erschreckt, daß nun, wie so viele aussprachen, zwischen ihnen und dem siegreichen Deutschland nur noch England stand. Die Vereinigten Staaten rückten damit der Entscheidung näher, ob sie ihr eigenes Schicksal mit dem des gefährdeten Großbritanniens verknüpfen oder die große Aufgabe erfüllen sollten, zum Frieden zu mahnen, ja ihn vorzubereiten. Damit konnten sie eine Mission erfüllen, wie sie nur dem Land geboten wurde, das, in sich Menschen aller europäischen Stämme vereinigend, zur Entwirrung der Welt berufen war. — Der Präsident hat die Gelegenheit nicht ergriffen, die vom Schicksal in seine Hände gelegt war.

6. ROOSEVELT UND DIE TOTALITÄREN STAATEN

Als in den Vereinigten Staaten Präsident Franklin D. Roosevelt im Januar 1933 fast gleichzeitig mit Adolf Hitler in Deutschland das Staatsruder ergriff, fanden die Nationalsozialisten zuerst in seinen sozialpolitischen Maßnahmen so viel Verwandtes mit ihren eigenen sozialen Ideen, daß schon dadurch die Hoffnung auf eine freundschaftliche Zusammenarbeit beider Völker gegeben schien. Aber nur zu bald mußten die Deutschen erkennen, daß gerade dieser Präsident mit seinen modernen Ideen für die innere Politik auf dem außenpolitischen Gebiet in den gleichen Vorstellungen befangen war wie nur je ein Diplomat im alten Europa.

Zwar traten seine imperialistischen Träume während der ersten und im Beginn der zweiten Amtszeit noch nicht offen zutage. Es ging ihm, wenigstens scheinbar, um Aufrechterhaltung der alten amerikanischen Politik, gekennzeichnet durch die Schlagwörter: Sicherheit der Westlichen Hemisphäre und Monroedoktrin. Daneben wollte er die Demokratie und den „amerikanischen Lebensstil" schützen und glaubte, das am besten zu tun durch eine enge Zusammenarbeit mit den andern Staaten des amerikanischen Kontinents und den Demokratien Europas, obwohl sich unter ihnen durchaus nicht rein demokratische Staatswesen befanden. Die Staaten, die sich aus inneren Gründen ein totalitäres Regime gegeben hatten, lehnte er ab, und zwar so heftig, daß er macht- und handelspolitisch in immer stärkeren Gegensatz zu ihnen geriet.

Die Rede, in der zum erstenmal Roosevelts Einstellung zur übrigen Welt ganz stark zum Ausdruck kam, hielt er am 5. Oktober 1937 in Chikago. Er teilte dabei die Welt in sogenannte „den Frieden liebende" Nationen, auf deren Seite auch die Vereinigten Staaten stünden, und solche, die seiner Meinung nach den Frieden störten. Er nannte kein Land beim Namen, machte es aber deutlich, daß er Japan, Italien und Deutschland als Friedensstörer ansah. Diese Rede war der Auftakt zu einer vom Weißen Haus ausgehenden, immer feindseliger werdenden Politik.

Ein Jahr später, am 16. Oktober 1938, ganz kurz nach der Münchener Konferenz, nach deren Abschluß Neville Chamberlain geäußert hatte, daß er einen „ehrenvollen Frieden" und „Frieden in unserer Zeit" nach Hause brächte, richtete Roosevelt eine Botschaft an Adolf Hitler und Benito Mussolini, in der er die beiden Staatsmänner aufforderte, die Furcht der Menschheit vor einem neuen Kriege zu beheben und Garantien durch Nichtangriffspakte für mindestens zehn Jahre mit beinahe allen Staaten außerhalb des amerikanischen Kontinents zu geben. Diese Botschaft war, ehe sie die Adressaten erhielten, bereits in der Presse veröffentlicht worden.

Bedeutungsvoller als die Antwort Mussolinis war die des deutschen Führers in seiner Reichstagsrede am 28. April 1939. Nach einem Rückblick auf den Versailler Vertrag erinnerte Adolf Hitler daran, daß er bereits durch sein Angebot an Frankreich seine Friedensabsichten zum Ausdruck gebracht habe. Er unterstrich noch einmal seine Bewunderung für die Taten Großbritanniens und betonte, daß er das Abkommen mit Chamberlain in München in vollem Ernst geschlossen habe, den Frieden auch zwischen diesen beiden Ländern zu sichern, daß ihm aber Zweifel an dem Wert des Abkommens gekommen seien, als unmittelbar nach München eine fieberhafte Aufrüstung in England einsetzte. Er sagte wörtlich: „Die einzige Forderung, die ich an England stellte und immer stellen werde, ist die nach Rückgabe unserer Kolonien. Ich ließ aber keine Unklarheit darüber, daß dies niemals der Grund für eine kriegerische Auseinandersetzung sein würde. Ich war immer des Glaubens, daß England, für das diese Kolonien keinen Wert haben, einmal Verständnis für die deutsche Lage aufbringen würde und die deutsche Freundschaft dann höher bewerten müßte als Objekte, die keinerlei realen Nutzen für England abwerfen, während sie für Deutschland lebenswichtig sind. Ich habe aber, davon abgesehen, nie eine Forderung gestellt, die irgendwie britisches Interesse berührt haben würde oder die dem Weltreich hätte gefährlich werden können und mithin für England irgendeinen Schaden bedeutet haben könnte."

In direkter Antwort an Roosevelt sagte Adolf Hitler dann unter anderm, daß er seinen Wunsch teile, Probleme auf friedlichem Wege, ohne den Appell an die Waffen, zu lösen, und das bereits mehrfach bewiesen habe. Als Politiker habe er zwanzig Jahre lang die Überzeugung Roosevelts vertreten, daß im Falle eines Krieges siegreiche, besiegte und neutrale Nationen zu leiden haben würden, daß sich aber leider die amerikanischen verantwortlichen Staatsmänner für ihre Beteiligung am Weltkrieg und für seinen Ausgang nicht zum gleichen Verständnis hätten durchringen können. Adolf Hitler fuhr fort, wenn Roosevelt der Meinung sei, „daß die Völker der Erde nicht davon überzeugt werden könnten, daß irgendeine Regierungsgewalt irgendein Recht oder irgendeinen zwingenden Anlaß hat, auf ihr eigenes oder auf andere Völker die Folgen eines Krieges herabzuziehen, es sei denn aus dem Grunde unzweideutiger Selbstverteidigung", dann glaube er, „dies ist die Auffassung aller vernünftigen Menschen, nur scheint mir, daß der Fall der unzweideutigen Selbstverteidigung fast in jedem Krieg von beiden Seiten in Anspruch genommen wird und daß jene Einrichtung auf der Welt einschließlich der Person Roosevelts nicht vorhanden ist, um dieses Problem eindeutig zu klären. Es kann wohl keinen Zweifel darüber geben, daß zum Beispiel Amerika in den Weltkrieg in keinem Falle zur ‚unzweideutigen Selbstverteidigung' eingetreten ist. Ein vom Herrn Präsidenten Roosevelt selbst eingesetzter Untersuchungsausschuß hat eingehendst die Ursachen des Eintritts Amerikas in den Weltkrieg untersucht und kam dabei zur Feststellung, daß dieser Eintritt im wesentlichen aus ausschließlich kapitalistischen Gesichtspunkten erfolgt ist. Trotzdem sind daraus keinerlei praktische Konsequenzen gezogen worden. Wir wollen also nur hoffen, daß wenigstens die Nordamerikanische Union diesen edlen Grundsatz endlich auch selbst in der Zukunft vertritt und nur dann gegen das eine oder andere Volk in den Krieg zieht, wenn wirklich der Fall der unzweideutigen Selbstverteidigung gegeben ist."

Adolf Hitler ging dann die weiteren Fragen des Roosevelt-Appells einzeln durch, besonders ausführlich erörterte er, wie man am wirksamsten und schnellsten die Völker der Welt von der erdrückenden Last der Rüstungen befreien könnte: Er sagte: „Herr Roosevelt weiß vielleicht nicht, daß dieses Problem, soweit es Deutschland betrifft, schon einmal vollständig gelöst war. Das Deutsche Reich hat, und die alliierten Kommissionen bestätigten dies ausdrücklich, schon im Jahre 1919 bis 1923 restlos abgerüstet", gab dann eine genaue Aufzählung der Anzahl der vernichteten Waffen, Geräte, Fabriken und fuhr fort: „Ich selbst, Herr Roosevelt, habe eine ganze Reihe von praktischen Vorschlägen zur Diskussion gestellt und versuchte, darüber eine Erörterung einzuleiten, um wenigstens eine allgemeine Rüstungsbegrenzung auf niedrigstem Stande zu ermöglichen. Ich schlug eine Höchststärke für alle Armeen von 200000 Mann vor, desgleichen die Abschaffung aller zum Angriff geeigneten Waffen, Abschaffung aller Bombenflugzeuge, des Giftgaskrieges usw. usw. Es war aber leider nicht möglich, diese Vorschläge einer übrigen Welt gegenüber durchzusetzen, obwohl Deutschland selbst schon vollständig abgerüstet war. Ich stellte dann die Vorschläge über ein 300000-Mann-Heer zur Diskussion mit dem gleichen negativen Resultat. Ich habe dann eine ganze Anzahl detaillierte Abrüstungsvorschläge gemacht, und zwar stets vor dem Forum des Deutschen Reichstages und damit vor der ganzen Weltöffentlichkeit. Es fiel niemandem ein, darüber auch nur in eine Erörterung einzutreten. Dagegen aber begann die übrige Welt ihre an sich schon vorhandenen enormen Rüstungen noch mehr zu verstärken. Und erst als im Jahre 1934 der letzte meiner umfassenden deutschen Vorschläge, der ein 300000-Mann-Heer betraf, endgültig abgelehnt worden war, gab ich den Befehl zu einer deutschen, nunmehr allerdings gründlichen Wiederaufrüstung. Trotzdem möchte ich kein Hindernis sein für die Erörterung von Abrüstungsfragen, an denen Sie, Herr Roosevelt, selbst teilzunehmen beabsichtigen. Nur bitte ich, sich zunächst nicht an mich und Deutschland, sondern an die andern zu wenden. Ich sehe hinter mir die Summe praktischer Erfahrungen und bin daher so lange skeptisch veranlagt, als ich nicht durch die Wirklichkeit eines Besseren belehrt werde." Trotz der damit erneut vom deutschen Führer erklärten Bereitwilligkeit, über die Abrüstung zu verhandeln, ist niemand auf der Gegenseite darauf eingegangen.

Ich habe bisher nirgends eine befriedigende Auseinandersetzung mit dem Meinungswechsel zwischen Präsident Roosevelt und Adolf Hitler aus amerikanischer Feder finden können. Dagegen ist es interessant, daß ein bekannter Engländer, Charles Roden Buxton, im „Manchester Guardian" am 30. Mai 1939 einen Artikel veröffentlicht hat, den er als Sonderdruck an viele Friedensfreunde in andern Ländern versandte. Dieser Artikel befaßt sich mit der Rede Adolf Hitlers und mit der Einkreisung Deutschlands, die unmittelbar nach ihr mit Nachdruck begonnen hatte.

Buxton überschreibt seinen Artikel „Öffentliche Meinung in Deutschland von der Wirklichkeit der Einkreisung überzeugt" und sagt unter anderm: „Der Glaube an die Einkreisung führt zu einer weiteren Schlußfolgerung — daß Großbritannien Krieg gegen Deutschland vorhat. Herr Hitler nahm Bezug darauf, daß er früher der Überzeugung gewesen sei, daß zwischen Deutschland und England niemals mehr ein Krieg möglich sein würde, und fuhr dann fort: ‚Ich muß aber nunmehr feststellen, daß die Politik Englands inoffiziell und offiziell keinen Zweifel darüber läßt, daß man in London diese Überzeugung nicht mehr teilt, sondern im Gegenteil der Meinung ist, daß, ganz gleich, in welchen Konflikt Deutschland einmal verwickelt werden würde, Großbritannien stets gegen Deutschland Stellung nehmen müßte. Man sieht also dort den Krieg gegen Deutschland als etwas Selbstverständliches an.‘ Dies ist wahrscheinlich der ernsteste Faktor in der gegenwärtigen ernsten Lage, denn das bedeutet, daß das deutsche Volk davon überzeugt werden könnte, Krieg mit Großbritannien führen zu müssen — widerwillig natürlich, aber mit derselben Überzeugung von der Gerechtigkeit seiner Sache wie 1914. Die Deutschen haben anscheinend das Gefühl, daß der Fall überzeugend klar liegt, sie glauben, daß das Britische Empire aus Eifersucht und Furcht Deutschland den nötigen Lebensraum verweigert, den jede große Nation für sich fordert, obwohl Großbritannien jenen Lebensraum durch Mittel erworben habe, die nicht mehr und nicht weniger anständig seien als die, die die Deutschen jetzt ihrerseits anwenden. Sie sind sich nicht bewußt, dem Britischen Empire seinen Lebensraum zu neiden oder ihn zu bedrohen, und sie halten es für eine ungerechtfertigte Einmischung, wenn das Britische Empire ihnen den ihren streitig machen wolle.

„Was bedeutet das Wort Einkreisung wirklich für den Deutschen? Um dies zu beantworten, müssen wir uns den Begriff Lebensraum genauer ansehen. Jede der Hauptreden Adolf Hitlers bedeutet einen Schritt vorwärts in der Definition des Begriffs. Er besteht aus drei Bestandteilen: a) Einheit, b) Wohlstand, c) Sicherheit. Mehr und mehr Nachdruck ist in den letzten ein oder zwei Jahren auf den zweiten Bestandteil, die wirtschaftliche Seite, gelegt worden... Die wirtschaftlichen Schwierigkeiten sind sehr viel ernster geworden. Diese Seite der Lage hat man in England nicht genügend beachtet. Die wirtschaftlichen Schwierigkeiten, die während der 1930 einsetzenden Weltwirtschaftskrise alles überschatteten und die tatsächlich der Hauptfaktor waren, der das Naziregime zur Macht gebracht hat, haben sich verstärkt, freilich in gewissem Maße durch Deutschlands eigene Schuld, da es eine starre Form der Autarkie entwickelt hat, doch in der Hauptsache folgen sie aus der geographischen Lage. Deutschland ist ein Land, dessen natürliche Hilfsquellen an Rohstoffen und Lebensmitteln nicht ausreichen, um seine große Bevölkerung und die ständig wachsenden Industrien zu versorgen. Es ist viel stärker von der Außenwelt abhängig als das Britische Empire oder andere Großmächte, mit Ausnahme von Italien und Japan. Aber infolge des herrschenden wirtschaftlichen Nationalismus findet es die Außenwelt verschlossen. Heute ist es zudem einem wirtschaftlichen und finanziellen Boykott unterworfen. Senator Pittman soll gesagt haben: ‚Wir brauchen die Deutschen nicht zu bekämpfen, wir können sie aushungern.' Allen deutschen politischen Einzelmaßnahmen liegt die Behauptung zugrunde, daß Deutschland auf dem Wege der Konferenzen und Verhandlungen niemals auch nur die bescheidenste Erleichterung oder das mindeste Zugeständnis erreichen konnte. Auf die Anregung, daß Konferenzmethoden versucht werden sollten, ist die volkstümliche Antwort: ‚Das mag sein, aber das einzige Beispiel, das wir kennen, ist das der jüngsten Geschichte, und das spricht gänzlich für das Gegenteil. Der Versuch, aus den Fesseln der Reparationen zu entfliehen, wurde mit der Besetzung des Ruhrgebietes durch Frankreich beantwortet. Die Zollunion zwischen Deutschland und Österreich wurde durch französischen finanziellen Druck unmöglich gemacht. Wir sind bisher noch nie in der Lage gewesen, unsere Bedürfnisse zu befriedigen außer durch Anwendung unserer eigenen Kraft.'"

Zu einer ähnlichen Ansicht wie dieser Engländer ist Roosevelt leider nicht gekommen. Und Äußerungen wie die hier angeführten des verstorbenen Senators Pittman waren nicht dazu angetan, das Verhältnis der Vereinigten Staaten zu Deutschland zu bessern.

Italien gegenüber hat Präsident Roosevelt fast stets die gleiche Haltung eingenommen wie gegenüber Deutschland. Für das Streben Italiens nach einer Konsolidierung seines Besitzstandes wie für die vom Faschismus gelösten kulturellen, wirtschaftlichen und sozialen Fragen hatte er kein Verständnis. Italien war im ersten Weltkrieg Verbündeter der Alliierten und daher auch seit 1917 mit den Vereinigten Staaten assoziiert. Die Zugeständnisse territorialer Art, die Italien von seinen Verbündeten gemacht worden waren, wurden nach Beendigung des Krieges vergessen, soweit sie nicht auf Kosten Deutschlands und Österreichs gingen. Dadurch wurde Italien, noch ehe Mussolini die Macht ergriff, seinen Weltkriegsverbündeten entfremdet. Im Mittelmeer fand sich Italien nach wie vor durch die britischen Zwingburgen an dessen Ein- und Ausgängen, von Gibraltar bis zum Suezkanal, und durch britische Stützpunkte wie Malta unmittelbar vor den italienischen Küsten eingeengt. Die „Freiheit der Meere“, dieses angebliche Ziel der amerikanischen Politik, wurde dem stärksten Mittelmeerstaat, Italien, gegenüber zum leeren Schlagwort. Während des Abessinienkriegs fand die englische und französische Sanktionspolitik die Unterstützung Amerikas. Eine freundlichere Note schlug die amerikanische Presse nur dann an, wenn es ihr richtig schien, die britischen Bemühungen zu stärken, Italien auf die Seite der Gegner Deutschlands zu ziehen, wie etwa beim Besuch Chamberlains und Edens in Rom. Die Besetzung Albaniens durch Italien löste Empörung in Amerika aus. Die sogenannte Quarantänerede Roosevelts in Chikago im Oktober 1937 richtete sich auch gegen Italien, ebenso war die Botschaft Roosevelts im April 1939 nicht nur an Hitler, sondern auch an Mussolini gerichtet.

Der Eintritt Italiens in den zweiten Weltkrieg im Juni 1940 versetzte besonders die Kreise in den Vereinigten Staaten, die

die Intervention ihres eigenen Landes betrieben, in große Wut. Die Kriegstreiber und die interventionistische Presse schmähten den Duce und das italienische Volk in Äußerungen und Karikaturen, und der Kampf Roosevelts richtete sich mit gleicher Schärfe gegen Italien wie gegen Deutschland.

Das dritte Land, das Roosevelt bei seiner Chikagoer Rede „gegen die Aggressoren“ im Auge hatte, war Japan. Bei der Schilderung des Verhältnisses Amerikas zu Japan muß ich etwas weiter ausholen, nicht nur, weil die japanische Kriegserklärung an die Vereinigten Staaten deren endgültige Verwicklung in den jetzigen Krieg zur Folge hatte, sondern weil die japanisch-amerikanische Spannung die zunehmenden imperialistischen Bestrebungen der amerikanischen auswärtigen Politik seit Jahrzehnten zeigt.

Kaum ein Jahr nach der amerikanischen Unabhängigkeitserklärung, im August 1784, sandte die junge Republik ihr erstes Schiff nach China, und den Kaufleuten folgten bald die amerikanischen Missionare. Politisch blieben diese friedlichen Expansionsbestrebungen zunächst unter dem Schutze der Briten, die sich bereits eine gefestigte Stellung in Ostasien erworben hatten. 1843 suchten die Vereinigten Staaten in ein festes Vertragsverhältnis zu China zu kommen und gaben ihrem Kommissar, Caleb Cushing, den Auftrag, dem Kaiser von China zu erklären, daß die Vereinigten Staaten es unmöglich finden würden, mit China in Freundschaft zu leben, wenn ihnen nicht die gleichen Privilegien und Handelsvorrechte gewährt würden, deren sich andere Staaten erfreuten. Cushing erreichte 1844 einen günstigen Vertrag, der in der Folgezeit neue Verträge mit Erweiterungen der amerikanischen Rechte nach sich zog. Die Erwerbung der Hawaii-Inseln (1893, endgültig 1897) und der Philippinen (1898) machte die Vereinigten Staaten zu einem Machtfaktor im Pazifischen Ozean außerhalb des amerikanischen Kontinents, und die von Amerika verfolgte Politik der

„Offenen Tür“ wurde später im sogenannten Neun-Mächte-Pakt bestätigt.

Japan war Unterzeichner dieses Neun-Mächte-Pakts, und bis dahin waren die Beziehungen zwischen den Vereinigten Staaten und Japan befriedigend, um so mehr, als der Handel der beiden Länder ständig stieg. Allerdings hatten die korrekten Beziehungen die Vereinigten Staaten nicht gehindert, Diskriminierungen gegen die japanische Einwanderung vorzunehmen.

Mit der japanischen Besetzung der Stadt Mukden im Jahre 1931 und in der Folge der gesamten Mandschurei traten aber ernste Spannungen auf, die von nun an ständig zunahmen. Die Vereinigten Staaten fühlten sich zu einem Protest allein nicht stark genug und begannen die Unterstützung des Völkerbundes zu suchen, obwohl sie nicht Mitglied waren. Sie sandten einen Vertreter in die Lytton-Kommission, die die mandschurische Angelegenheit an Ort und Stelle zu untersuchen und später dem Völkerbund zu berichten hatte. In den Vereinigten Staaten bestand eine starke Strömung für wirtschaftliche Repressalien, sie fand aber keine Unterstützung bei England und Frankreich, und dieses „Versagen“ der Engländer wurde ihnen bis in die letzten Wochen hinein in Amerika vorgeworfen.

Die Abneigung in der Masse des amerikanischen Volkes, sich in einen neuen Krieg verwickeln zu lassen, war noch bei der Neutralitätsgesetzgebung des Jahres 1937 so stark, daß die ostasiatischen Spannungen auf sie keinen wesentlichen Einfluß hatten. Staatssekretär Hull hielt es daher für notwendig, im Juni 1937, nach dem Ausbruch des japanisch-chinesischen „Zwischenfalls“, eine Erklärung über die amerikanische Außenpolitik abzugeben, mit dem Ziel, das Volk darüber zu belehren, daß ein „irgendwo ausbrechender Krieg alle Völker berühre“. Nach der Besetzung von Teilen der internationalen Niederlassung in Schanghai kündigte Hull eine Verstärkung der dort stationierten Marinetruppen an und gab gleichzeitig eine schärfere Erklärung über die Rechte der Vereinigten Staaten in

China ab, in der er diese Rechte als von Japan bedroht bezeichnete. Es blieb aber zunächst bei einer Politik diplomatischer Proteste, die in direkter Linie zu der Chikagoer Quarantänerede des Präsidenten Roosevelt führte. Die Aufnahme dieser Rede in den friedliebenden Kreisen Amerikas ermutigte den Präsidenten durchaus nicht zu einer aktiveren Politik, wohl aber den Völkerbund zu Berichten über die Verletzung des Neun-Mächte-Paktes durch Japan und zu einer Einladung zu einer Konferenz von Vertretern dieser neun Mächte in Brüssel. Japan lehnte die Beteiligung an der Konferenz ab, weil die Abfassung der Einladung bereits eine Verdammung seiner Handlungen in China enthalte. Die trotzdem stattfindende Konferenz hatte dann auch nicht den von Roosevelt erhofften Erfolg eines gemeinsamen Druckes auf Japan, und die amerikanische Regierung entschloß sich, die bereits früher angeordnete Evakuierung amerikanischer Bürger aus den von Japan bedrohten Häfen Chinas zu beschleunigen.

Während dieser Aktion wurde ein amerikanisches Kanonenboot, die „Panay", durch japanische Bomben versenkt. Die interventionistische Presse protestierte auf Anweisung von Roosevelt und Hull heftig. Das amerikanische Volk war zwar über den Zwischenfall erschrocken, forderte aber darauf das Gegenteil dessen, was Roosevelt erwartete, nämlich die Zurückziehung der amerikanischen Streitkräfte aus China, um weitere Zwischenfälle zu vermeiden; es hielt den Handel mit China und die Vertragsrechte dort nicht für so wertvoll, um es deshalb auf einen Krieg mit Japan ankommen zu lassen. Im Buch eines Amerikaners las ich, daß der „Mann auf der Straße" bei der Versenkung der „Panay" gefragt habe, „Was hat überhaupt ein amerikanisches Kanonenboot auf dem Yangtse zu suchen?". Roosevelt verfolgte trotzdem seine Politik. Im Dezember 1937 versuchte er über die Köpfe der japanischen Regierung hinweg sich direkt an den Kaiser Japans zu wenden, ein ungewöhnlicher Schritt, den er im Dezember 1941 wiederholte. Viele Amerikaner aber befürworteten eine versöhnlichere Politik gegenüber Japan, weil es ein guter Kunde war und ein noch besserer werden konnte. Die Mehrheit des amerikanischen Volkes wünschte jedenfalls vor allem, nicht wieder in einen Krieg verwickelt zu werden. Japan unterstützte die Abneigung, den „Panay-Zwischenfall" als casus belli zu betrachten, durch offizielle Entschuldigungen und durch Zahlung einer Entschädigung von rund 2,2 Millionen Dollar.

Die Regierung Roosevelts wurde, abgesehen von verschiedenen Protesten ernsteren oder leichteren Grades wegen Verletzung amerikanischer Rechte oder amerikanischen Eigentums in China, zu einem vorsichtigeren Vorhaben gezwungen, bis sie dann, kurz vor Ausbruch des Krieges in Europa, plötzlich der japanischen Regierung mitteilte, das 1911 geschlossene Handelsabkommen nicht erneuern zu wollen. Diesem Entschluß waren Anleihen an China durch die Export- und Importbank und Unterstützung Chinas in seinem Krieg gegen Japan durch amerikanische Waffenlieferungen vorangegangen sowie sehr viele ganz oder halb offiziöse Äußerungen von amerikanischer Seite, die ein Nichtverstehenwollen der japanischen Ansprüche auf eine Neuordnung Ostasiens bewiesen. Inzwischen hatte sich auch die Stimmung der amerikanischen Bevölkerung so weit geändert, daß der Absicht der Kündigung des Handelsvertrages nicht nur kein Widerstand entgegengesetzt, sondern sie sogar begrüßt wurde, ebenso wie ein Embargo auf bestimmte Warenlieferungen, die Japan zur Herstellung von Waffen verwenden konnte.

Immerhin wurde mit einer schärferen Politik gegen Japan wegen des europäischen Kriegs zurückgehalten, und viele schienen auch die Hoffnung zu hegen, daß die japanische Regierung zu einer Änderung ihrer Politik veranlaßt werden könnte. Diesen Wunsch enthält eine Rede des amerikanischen Botschafters in Tokio, Grew, der gerade von einem Urlaub in Amerika zurückgekehrt war, während dessen er mit Roosevelt und Hull konferiert hatte. In seiner Rede vor der Amerikanisch-Japanischen Gesellschaft in Tokio am 19. Oktober 1939 betonte er, daß die demokratische Regierungsform der Vereinigten Staaten die Regierung zwinge, auf die öffentliche Meinung Rücksicht zu nehmen. Wenn die japanische Regierung zu einer gleichen Haltung gezwungen wäre, würde sich die japanische öffentliche Meinung wahrscheinlich mit einer Fortsetzung der Chinapolitik, die nur durch eine Minderheitengruppe unterstützt würde, nicht einverstanden erklären. Mr. Grew behauptete auch, daß die amerikanische Regierung und das amerikanische Volk ebenso klar verstünden, was Japan mit der Neuordnung Asiens erreichen wolle, wie das japanische Volk selbst. Wie Japan strebe auch Amerika nach Sicherheit, Stetigkeit und Fortschritt nicht nur für sich selbst, sondern für alle Völker. Aber Amerika wünsche nicht, durch Japans neue Ordnung seine alten Rechte in China bedroht zu sehen, und würde sich solcher Politik widersetzen.

Der Rede folgten verschiedene Unterhaltungen Grews mit japanischen Staatsmännern, und in einer solchen drohte Grew im Auftrage seiner Regierung, daß diese zu Sanktionen schreiten müsse, wenn Japan seine Chinapolitik nicht ändere. Tatsächlich dehnte Washington im Dezember 1939 das „moralische" Embargo auf weitere Rohstofflieferungen an Japan aus, während praktisch solche Lieferungen auch nach Ablauf des Handelsvertrages im Januar 1940 in kaum verminderter Stärke anhielten — ein Beweis für den Geschäftssinn in Amerika.

Als im März 1940 eine chinesische Nationalregierung in Nanking eingesetzt wurde, erklärte die amerikanische Regierung durch Staatssekretär Hull sofort, daß sie diese nicht anerkennen würde — wenige Tage nach Gewährung einer neuen 20-Millionen-Dollar-Anleihe an Tschungking-China. Dieser Nichtanerkennung folgte zwei Wochen später die Erklärung Hulls, daß eine Politik der Ausdehnung der japanischen Einflußsphäre auf Niederländisch-Indien auf den Widerstand der Vereinigten Staaten stoßen würde.

Die Flucht der holländischen Regierung nach England, der Fall Frankreichs und die immer direkter werdende Bedrohung Englands durch Deutschland veranlaßten die Japaner zu der Forderung an Großbritannien, die Indochina- und Yunnan-Eisenbahn und die Burmastraße für die Versorgung Tschungking-Chinas zu schließen. Mr. Churchill erklärte seine Bereitwilligkeit, nach Friedensschluß die britischen Sonderrechte aufzugeben, und eine ähnliche Erklärung gab Unterstaatssekretär Sumner Welles für die Vereinigten Staaten ab. Inzwischen erfolgte ein Regierungswechsel in Japan. Während Japan in einer Erklärung des Weißen Hauses über die Anwendung der Monroedoktrin auf die Westliche Hemisphäre eine Andeutung zu sehen glaubte, daß eine ähnliche Politik Japans in bezug auf Großostasien Verständnis in den Vereinigten Staaten finden würde, hatte etwa gleichzeitig Präsident Roosevelt durch die Verteidigungsgesetzgebung des amerikanischen Kongresses so umfassende Vollmachten erhalten, daß er jeden Export von Gütern unterbinden konnte, die für die nationale Verteidigung der Vereinigten Staaten nötig wurden. Er nutzte diese Vollmacht sofort zu einem Ausfuhrverbot von Treibstoffen für Flugzeuge und Schiffe und von Schrott aus, ein Verbot, das hauptsächlich gegen Japan gerichtet war.

Die Absicht der Vereinigten Staaten, nach Abzug aller britischen Truppen aus China im August 1940 die amerikanischen zu verstärken, veranlaßte einen so scharfen Protest aus Tokio, daß sie unausgeführt blieb. Die Spannung löste sich nicht, weil inzwischen die japanische Regierung zu einem Abkommen mit Frankreich über Indochina gelangte.

Dem Dreimächteabkommen zwischen Japan, Italien und Deutschland vom 28. September 1940 ging am 25. September eine neue amerikanische 25-Millionen-Dollar-Anleihe an Tschungking-China voraus und am 26. September ein weiteres Embargo auf amerikanische Ausfuhren nach Japan.

Das Dreimächteabkommen wurde in Deutschland und Italien von Pressekommentaren begleitet, aus denen eine Warnung an die Vereinigten Staaten, zu einer vorsichtigeren Ostasienpolitik überzugehen, herauszulesen ist, eine Warnung, die leider den gegenteiligen Erfolg hatte. Daß die Vereinigten Staaten sich der gefahrvollen Lage immerhin bewußt waren, zeigt die Anweisung an amerikanische Staatsbürger im Fernen Osten zur unmittelbaren Abreise nach Amerika vom 17. Oktober 1940 und die Verstärkung der Besatzung von Hawaii.

Wie die Lage in Japan angesehen wurde, geht aus der Erklärung des Führers der japanischen Militärmission in Indochina, Sumita, hervor, der im November 1940 sagte: „Wenn die Vereinigten Staaten nur Japans Lage verstehen wollten, könnte und müßte jede Frage zwischen unsern beiden Ländern leicht geregelt werden. Dazu gehört nur die Anerkennung des Grundsatzes, daß Japan der stabilisierende Faktor im Fernen Osten ist." Einen Monat später umriß der damalige japanische Außenminister Matsuoka die Außenpolitik seiner Regierung mit der Treue zum Dreimächtepakt auf der einen Seite, mit dem Wunsch einer Freundschaft auch zu den angelsächsischen Mächten auf der andern. Er schilderte gleichzeitig, welche Katastrophe ein japanisch-amerikanischer Krieg im Pazifik für beide Länder wäre. Im Januar 1941 wies die gesamte japanische Presse darauf hin, daß trotz der eben zitierten Beschwörungen durch japanische Staatsmänner die Haltung Roosevelts immer feindseliger würde, und daß Japan sich durch ihn weder einschüchtern noch provozieren lassen dürfe und die verhüllten und unverhüllten Angriffe auf Japan während der Stimmungsmache für das Englandhilfegesetz mit unbeirrbarem Festhalten an seiner Politik beantworten müsse. In der Rede des Staatssekretärs Hull vom Januar 1941 erblickte Japan eine Drohung und die Ankündigung, daß die

Vereinigten Staaten beabsichtigen, dem pazifischen Raum ihre Gesetze vorzuschreiben.

Im Laufe des Jahres 1941 wurden durch Roosevelt die Spannungen zwischen den Vereinigten Staaten und Japan ständig verschärft. Japan sandte, um einen Ausweg aus ihnen zu suchen, noch einen Sonderbotschafter, Herrn Kurusu, nach Washington, der mit dem akkreditierten Botschafter, Herrn Nomura, zahlreiche Besprechungen im State Departement hatte. Am 26. November stellte Roosevelt seine Forderungen und richtete sie unmittelbar an den Tenno. Er verlangte den sofortigen Abbruch des japanischen Feldzugs in China und die Anerkennung Tschungking-Chinas als der einzigen rechtmäßigen Regierung Gesamtchinas. Auch wer, wie ich, eine schnelle Beendigung des japanisch-chinesischen Kriegs wünscht und persönliche Beziehungen zu Tschungking besitzt, muß zugeben, daß das Problem nur von den Beteiligten gelöst werden kann. Die diktatorische Einmischung eines Staatsmannes, der so eifersüchtig über die Freiheit der Entschlüsse der Bewohner eines andern Kontinents wacht, wie Roosevelt das tut, war eine Beleidigung der asiatischen Großmacht, die nicht stillschweigend hingenommen werden konnte. Man fragt sich, ob Roosevelt trotzdem auf eine Annahme seiner Forderungen durch Japan hoffte und daher die Note vom 26. November dem eigenen Volk und seiner gesetzmäßigen Vertretung verschwieg. Selbst der Leiter des Auswärtigen Ausschusses im amerikanischen Senat, Senator Connally, hat die Note erst drei Wochen nach ihrer Absendung und zehn Tage nach der Vernichtung der amerikanischen Flotte durch Japan bei Pearl Harbour zu Gesicht bekommen. Roosevelt mußte wissen, daß seine Note den Krieg gegen Japan bedeutete, und gab Kongreß, Senat und Volk keine Kenntnis von seinen Absichten. Gleichzeitig verhinderte er durch sein Schweigen Verteidigungsmaßnahmen durch ständige Alarmbereitschaft von Heer und Flotte auf den amerikanischen Außenposten im Pazifik. Die Admirale und

Generale, die gar nicht wußten, wie nahe ihr Land an einem Krieg mit Japan stand, wurden nach der Niederlage, auf die sie nicht vorbereitet sein konnten, weil ihr Oberstkommandierender ihnen wichtigste Informationen vorenthielt, vor ein Kriegsgericht gestellt.

Diese nüchterne Aufstellung der Meilensteine auf dem Wege Roosevelts zum Kriege mit Japan wird etwas lebendiger, wenn man amerikanische Äußerungen aus den letzten Monaten liest. Roosevelts Presseorgane behaupteten, daß Japan durch die Besetzung der Mandschurei dem amerikanischen Handel einen tödlichen Schlag versetzte. Aber das Handelsdepartement der Vereinigten Staaten hat im Bulletin 839 selbst nachgewiesen, daß der amerikanische Handel mit Mandschukuo in den vier Jahren, die der Besetzung vorausgingen, durchschnittlich nur 7,5 Millionen Dollar erreichte, sechs Jahre nach der Besetzung, 1937, dagegen über 16, 1938 15,5 Millionen Dollar. Die vielgelesene Zeitschrift „Look" stellte in einer Ausgabe vom Mai 1941 fest, daß Amerika schon seit Jahren in Gegnerschaft zu Deutschland und Japan lebe und die Berufung auf den Neun-Mächte-Pakt und die Konferenz von Washington nur als Ausflucht benutze, um seinen Entschluß einzunebeln, zur endgültigen Abrechnung mit Japan zu kommen. Seit 1937 zum mindesten sei dies Deutschland und Japan klargeworden und das Zusammengehen dieser beiden Staaten die unausbleibliche Folge der Erkenntnis.

Die bevorstehende Auseinandersetzung mit Japan nimmt seit Ausbruch des Kriegs in Europa einen immer breiteren Raum in der amerikanischen Publizistik ein. Man glaubte aber, daß die Vereinigten Staaten den Zeitpunkt für sie wählen könnten.

Die gewichtigste außenpolitische Zeitschrift der Vereinigten Staaten, die vierteljährlich erscheinende „Foreign Affairs", veröffentlicht im Oktober 1941 zwei Aufsätze. Professor Nathaniel Peffer von der Columbia-Universität hoffte, daß die „erwartete Auseinandersetzung" mit Japan noch hinausgeschoben werden könnte, bis die Vereinigten Staaten ihre Aufrüstung vollendet hätten. Sei dann auch noch die chinesische Armee intakt, dann könne Japan „mit einem Schlag erledigt" werden. Boykott und Blockade der japanischen Inseln würden das vollenden, was amerikanische Flotte und Luftwaffe den wirtschaftlichen Waffen zu tun übrigließen. Die Folge würden Unruhen in Japan sein, besonders wenn ein besiegtes und verarmtes Japan noch die Kriegsschulden zu zahlen habe. Für die Vereinigten Staaten würde sich also, auf lange Sicht gesehen, Japans Beitritt zur Achse als Glücksumstand erweisen, denn wenn die demokratischen Länder Deutschland eine Niederlage bereiteten, würden sie gleichzeitig die japanische Drohung als bloßes Nebenspiel erledigen.

Ebenso bezeichnend für die amerikanischen Vorstellungen einer Auseinandersetzung mit Japan war der in der gleichen Nummer der „Foreign Affairs" erschienene Aufsatz von Eugene Staley von der Fletcher School of Law and Diplomacy. Er behauptete, Japan habe eine schlechte Wahl getroffen, als es sich der Achse anschloß, denn auch bei einem für die Achse siegreichen Kriegsausgang habe Japan nichts für sich zu erhoffen. Fiele dann Großbritannien als Handelspartner Japans aus, würde es auf Deutschlands und Italiens Märkten keinen Ersatz finden, weil diese viel zu weit entfernt sind und die Transportkosten für seine billigen Waren keinen Gewinn mehr übrigließen. Die Vereinigten Staaten sollten daher sofort Japan vor die Wahl zwischen zwei Wegen stellen. Der eine wäre eine Annäherung an Großbritannien und die Vereinigten Staaten unter Aufgabe sowohl seiner Achsenzugehörigkeit wie seiner Politik der Neuordnung Ostasiens, in welchem Falle die beiden Demokratien ihm Märkte und Rohmateriallieferungen zur Verfügung stellen würden und eine Beteiligung an der industriellen Erschließung Chinas sowie am Handel Südamerikas anbieten könnten. Der zweite Weg für Japan wäre Ablehnung dieses großzügigen Angebotes, und in diesem Fall müßte der

Druck auf Japan durch fortgesetzte und zunehmende Hilfe für China, durch Verstärkung der Befestigungen in Manila, Singapur und Holländisch-Indien sowie der Sowjetstreitkräfte in Ostsibirien und schließlich durch die wirtschaftliche Blokkade Japans, Abbruch der Beziehungen und Erschwerung des japanischen Handels mit Lateinamerika erhöht werden. Die Folge einer solchen wirtschaftlichen Isolierung, die eine Koalition der USA. mit Großbritannien und Sowjetrußland durchführen könne, ohne auch nur ein Flugzeug oder ein Schiff in die von Japan kontrollierten Gewässer zu senden, würde für Japan verheerend sein.

Für die Schreiber dieser beiden Artikel und ihre gläubigen Leser muß die Vernichtung der amerikanischen und britischen Flotte im Pazifik, die Besetzung Hongkongs, Singapurs und Manilas und die japanische Landung auf Borneo, Celebes, Java, Sumatra und Neuguinea innerhalb weniger Wochen nach Kriegsausbruch ein schlimmes Erwachen bedeutet haben.

Der Roosevelt nahestehende Journalist Ralph Ingersoll veröffentlichte als Ergebnis einer eben abgeschlossenen Weltreise in seiner Neuyorker Zeitung „P. M." wie im Londoner „Daily Express" am gleichen Tage, am 28. November 1941, genau zehn Tage vor dem japanischen Sieg von Pearl Harbour, Aufsätze mit der Überschrift „Amerika muß Japan vernichten". In ihnen forderte er, daß die Vereinigten Staaten im Zusammenwirken mit Großbritannien, Sowjetrußland und China die japanische Bedrohung durch „sofortiges Zuschlagen" beseitigen sollten. Innerhalb vierundzwanzig Stunden nach der gemeinsamen Kriegserklärung der vier Mächte würden die Briten ihre Flotte aus Singapur auslaufen lassen, um die Japaner aus der Chinesischen See zu vertreiben, die Amerikaner ihre Bombengeschwader von Manila aus in Marsch setzen und die aus „leicht entzündbarem Holz und Papier erbauten Städte Japans" vernichten. Die „siegreichen Briten und Amerikaner" würden sich dann wenige Tage später „in Hongkong treffen...

Die Säuberung des Pazifischen Ozeans von den Japanern von Westen her ist die alleinige Aufgabe Amerikas". Diese Säuberung mache nicht einmal die Versenkung der japanischen Flotte notwendig, denn wenn alle vier Staaten gleichzeitig zuschlagen, würde der Zusammenbruch Japans schnell erfolgen, „und all dieser Unsinn von den kleinen Übermenschen ist vorüber". Er betont dann noch einmal, es müsse schnell gehandelt werden, denn nur dann können „die Vereinigten Staaten alles gewinnen und nichts verlieren".

Diese Stimmen widerlegen die Behauptung, daß Roosevelt von Japans „Verrat" überrascht worden sei. Der Bannerträger der Demokratie hat gegen die totalitären Staaten von Anfang seiner Amtszeit an gekämpft. Nur gegen einen totalitären Staat, Sowjetrußland, hat er seinen Kampf bald eingestellt und ihn als Partner willkommen geheißen.

7. ROOSEVELT – DIKTATOR DER DEMOKRATIE

Am 5. September 1939, zwei Tage nach der britisch-französischen Kriegserklärung an Deutschland, erließ der Präsident zwei Proklamationen. In der ersten, die sich im Wortlaut stark an Wilsons Neutralitätserklärung im Jahre 1914 anlehnte, umriß er die Rolle, die die Vereinigten Staaten als neutrales Land zu spielen hätten, erinnerte die Bürger an ihre Verpflichtungen als Angehörige eines neutralen Staates und warnte die Kriegführenden vor einer Verletzung der Rechte des neutralen Amerikas. Die zweite Proklamation baute sich auf dem Neutralitätsgesetz des Jahres 1937 auf und legte ein Embargo auf die Ausfuhr aller Waffen, Munition und sonstigen Kriegsmaterials. Der amerikanische Kongreß tagte zu dem Zeitpunkt nicht, und der Präsident verhängte daher am 8. September 1939 den nationalen Ausnahmezustand, wobei er sich auf die Rechte berief, die während des ersten Weltkrieges dem damaligen Präsidenten mit dem nationalen Verteidigungsgesetz verliehen worden waren. Er kündigte gleichzeitig eine Verstärkung der regulären Armee, der Nationalgarde und des Marinekorps an sowie des Personals des Justizdepartements für den besseren Schutz des Landes gegen „fremde unterirdische Aktionen".

Der Präsident hatte niemals einen Zweifel daran gelassen, daß ihm das Gesetz über das Waffenembargo unbequem war. Da er es aber auch unter den ihm zugefallenen Sonderrechten nicht umstoßen konnte, mußte er zunächst die Ausfuhr von Waffen und Flugzeugen verbieten, für die Bestellungen und Ausfuhrlizenzen bereits erteilt waren. Damit entgingen Frankreich bestellte Lieferungen im Wert von 58 Millionen, Großbritannien von 15 Millionen, Australien von 5 Millionen Dollar,

Deutschland — laut Bulletin des State Departments vom 28. Oktober 1939 — von 49 Dollar! Zwischen dem 1. Januar und dem 5. September 1939 hatte Deutschland für 23000, Großbritannien für 21000000, Frankreich für 16000000 Dollar Kriegsmaterial aus den USA. bezogen. Daraus hat man dann in den Kreisen um Roosevelt geschlossen, daß das Waffenembargo eine einseitig gegen die Alliierten gerichtete Maßnahme war. Das erinnert an die Erfahrung aus dem ersten Weltkrieg, in den die Vereinigten Staaten an der Seite der Alliierten eintraten, weil sie mit ihnen bereits vorher große Waffengeschäfte gemacht hatten.

Um das Neutralitätsgesetz dahin abzuändern, daß man den Alliierten mehr Waffen liefern könnte, berief Roosevelt für den 21. September 1939 den Kongreß ein. In seiner Botschaft an den Kongreß sprach er davon, daß das auf Grund des Neutralitätsgesetzes ausgesprochene Verbot der Verschiffung von Kriegsmaterial jeder Art „äußerst gefährlich für Neutralität, Sicherheit und Frieden Amerikas" sei. Es würde zu weit führen, auf Roosevelts Vorschläge im einzelnen einzugehen, es kann nur gesagt werden, daß sie sich für Kenner des internationalen Rechts aus allerlei Widersprüchen zusammensetzen. Die Mehrheit des Volkes war an legalen Spitzfindigkeiten aber weniger interessiert, für sie bestand nur die Frage, ob Amerika in den Krieg verwickelt werden würde oder nicht. Bei dieser gesunden Einstellung des Volkes ist es für den Zuschauer wichtig zu sehen, daß nur 57 Prozent der Befragten einer Abänderung des Neutralitätsgesetzes zustimmten, obwohl nach den inzwischen berühmt gewordenen Abstimmungen des Gallup-Institutes und der Zeitschrift „Fortune" etwa 84 Prozent auf einen Sieg der Alliierten hofften. Der Meinungskampf zwischen den Lagern der Isolationisten und Interventionisten entbrannte zum erstenmal in voller Stärke um die Frage des Neutralitätsgesetzes. Trotzdem erlosch das Interesse des amerikanischen Volkes rasch, der Kampf ging in der Hauptsache um Spezialinteressen wie der

Handelsschiffsreedereien, die sich durch das Verbot des Befahrens der Kriegszonen in ihren Verdienstmöglichkeiten bedroht sahen, und — zu Ende der Debatten — um persönliche Angriffe der gegnerischen Seiten. Nach sechs Wochen war die Abänderung des Gesetzes im wesentlichen in der Form angenommen, in der Roosevelt und Hull es wünschten. Die Länge der Debatte in gefahrvoller Zeit wurde in der Öffentlichkeit scharf kritisiert. Als Plus wurde gewertet, daß nicht alle Mitglieder der demokratischen, das heißt der Roosevelt-Partei, dafür gestimmt und auch Republikaner unter den Befürwortern gewesen waren, woraus auf eine selbständige Urteilsbildung in den gesetzgebenden Körperschaften geschlossen wurde. Die Hauptpunkte des revidierten Neutralitätsgesetzes waren die Aufhebung des Waffenembargos, die Verpflichtung der kriegführenden Auftraggeber, die Lieferungen zu bezahlen und an ihren Bestimmungsort zu transportieren (Cash-and-carry-Klausel), und das verschärfte Verbot für die amerikanischen Schiffe, die genau bezeichneten Kriegszonengewässer zu befahren.

Am 9. Februar 1940 entsandte Präsident Roosevelt den Unterstaatssekretär Sumner Welles nach Europa, um mit deutschen, italienischen, britischen und französischen Staatsmännern zu konferieren und ihm über die Friedensaussichten Bericht zu erstatten. Die Mission blieb ergebnislos.

Im Juni 1940 wurde das Dienstzeitgesetz im Kongreß vorgelegt, das erst im September nach einer großen Propagandavorbereitung angenommen wurde.

Im Juli verlangte Roosevelt 4,5 Milliarden Dollar für die Landesverteidigung.

Im gleichen Monat fand in Havana eine Pan-Amerika-Konferenz statt. Bei Ausbruch des Kriegs hatten sich alle südamerikanischen Staaten für neutral erklärt. Seit den ersten Kriegstagen waren aber in den Vereinigten Staaten die Hebel der Maschine in Bewegung gesetzt, die die Neutralität dieser Staaten in eine einseitige Parteinahme für die Alliierten, Gemeinsamkeit mit der Politik des angelsächsischen Amerikas und Feindschaft gegen die Achsenmächte umformen sollte. Diesem Zweck hatte bereits die Panamerikanische Konferenz vom September 1939 in Panama City gedient. In Havana wurde der Druck verstärkt. Staatssekretär Hull gewann die meisten der vertretenen Staaten für seinen Plan, der darin bestand, daß jeder von ihnen — praktisch natürlich nur die Vereinigten Staaten — ermächtigt werden sollte, jede europäische Besitzung innerhalb der Westlichen Hemisphäre zu übernehmen, die in „Gefahr stand, den Besitzer zu wechseln“. Am Tage des Konferenzbeginns hatte Präsident Roosevelt den Kongreß in Washington gebeten, der Export-Import-Bank weitere 500 Millionen Dollar zu bewilligen und ihr gleichzeitig freie Hand zu geben, aus diesem Betrag Anleihen an Südamerika zu gewähren. Diesem klingenden Argument widerstand auch Uruguay nicht, das sonst gern mit Argentinien zusammen eine Washington entgegengesetzte Politik verfolgte, während Argentinien seine weit ablehnenderen Grundsätze für Anleihen nicht verkaufte und sich auch der Ratifizierung des Hull-Plans nicht unterzog.

Im September 1940 handelte Roosevelt britische Stützpunkte auf der westlichen Halbkugel gegen fünfzig alte amerikanische Zerstörer ein. Er erhöhte sein Prestige damit so, daß er trotz starker Opposition und gegen alle Tradition im November 1940 zum drittenmal wiedergewählt wurde.

In einem halboffiziösen amerikanischen Handbuch „The United States in World Affairs in 1939“ von W. H. Shepardson und W. O. Scroggs fand ich die Sätze: „Wenn die Präsidentschaftswahl dem üblichen Muster folgt, wird das amerikanische Volk wieder sechs Monate lang behandelt werden, als bestünde es aus Schwachsinnigen. Die Parteiprogramme werden unter dem einzigen Schlagwort aufgestellt werden, möglichst viele Stimmen zu fangen. Die Innenpolitik wird ohne Rücksicht auf die Wahrheit angegriffen oder verteidigt werden. Die Führung der auswärtigen Politik wird in Ausdrücken gepriesen oder verdammt werden, die in keinem Verhältnis zur Wirklichkeit stehen. Auf jeden Fall aber wird sehr viel über die Bewahrung der Demokratie geredet werden und wie man ein totalitäres Regime vermeiden kann und muß."

Roosevelts dritte Amtsperiode begann im Januar 1941. Der erste Monat ist gekennzeichnet durch folgende Handlungen: Botschaft an den Kongreß mit der Erklärung, daß das amerikanische Volk sich niemals einem Frieden unterwerfen würde, der von den Achsenmächten diktiert ist, und mit der Verkündigung der „vier Freiheiten" — Freiheit der Rede, Freiheit der Religion, Freiheit von der Not und Freiheit von der Furcht — als Grundlage einer amerikanischen Weltordnung; Einrichtung des Produktionsdirektoriums als Zusammenfassung der Verteidigungsanstrengung; Einbringung des Leih- und Pachtgesetzes und Entsendung des unterlegenen Präsidentschaftskandidaten Wendell Willkie nach England.

Willkies Reise ermutigte den britischen Partner, und nach seiner Rückkehr entwickelte er sich zum Sprecher für die Politik Roosevelts und gab allen denen recht, die in seine Person und die Ehrlichkeit seiner Absichten während des Wahlfeldzuges von vornherein Zweifel gesetzt hatten.

Das Leih- und Pachtgesetz wurde im März 1941 vom Senat und Kongreß angenommen. Offiziell heißt dieses Gesetz Bill H. R. 1776 — eine Erinnerung an ein entscheidendes Jahr im Befreiungskampf der dreizehn britischen Kolonien auf amerikanischem Boden gegen das Vereinigte Königreich! Diesem Vereinigten Königreich kamen alle Zuwendungen aus dem Leih- und Pachtgesetz zunächst ausschließlich zugute, erst später hat Roosevelt solche auch an Rußland, China und einige andere Staaten verfügt. Auch das abgeänderte Neutralitätsgesetz mit der Cash-and-carry-Klausel hatte Großbritannien nicht die erhoffte Hilfe in vollem Umfange gebracht, nachdem die in den Vereinigten Staaten befindlichen Geldmittel zur Bezahlung der Lieferungen aufgebraucht waren und auch das „carry“ immer mehr Schwierigkeiten machte, je mehr die britische Seeherrschaft durch die deutschen Erfolge auf Meer und Land erschüttert wurde. Fast alle europäischen Meeresküsten kamen in deutsche Hand, die Gewässer rings um die britische Insel wurden durch Minen und Unterseeboote, die Lufträume über ihnen durch Flugzeuge, die Fahrstraßen zum und auf dem Weltmeer durch die kleine, aber schlagkräftige deutsche Flotte bedroht. Das schwerfällige und durchaus nicht sichere Geleitzugsystem band einen Teil der britischen Flotte und verzögerte die Einfuhr von Lebensmitteln und Kriegsgerät.

Um die Englandhilfe wurde lange und erbittert gerungen. Das zugkräftigste Schlagwort für die Werbung war, daß bei einem Zusammenbruch Englands der amerikanische Kontinent unmittelbar bedroht sei, eine feindliche Invasion zur See und zur Luft möglich und daß England daher unter allen Umständen gerettet und unterstützt werden müßte. England war das Amerika schützende Bollwerk, die britische Flotte die erste Verteidigungslinie Amerikas.

Schon vor der Annahme des Gesetzes hatte die Versorgung Großbritanniens mit Kriegsmaterial durch die USA. gewaltige Ausmaße angenommen. Als die Engländer aus Dünkirchen unter Zurücklassung fast aller Waffen, einschließlich der Gewehre, geflüchtet waren, sprangen die Vereinigten Staaten wieder mit dem Ersatz ein.

An Kanada wurden viel amerikanische Armeeflugzeuge zu Schulungszwecken für britische und kanadische Flieger geliefert. Interessant ist, daß am 8. November 1940 die amerikanische Regierung die Ablieferung von 144 Vultee-Jagdflugzeugen, die die schwedische Regierung in Amerika bestellt hatte, an Schweden verbot und ihre Lieferung an Kanada verfügte. Auch die Schiffslieferungen an Großbritannien und Kanada stiegen.

Es erscheint mir für europäische Leser interessant, Stimmen von Amerikanern der verschiedensten Berufe über die Politik Roosevelts hinsichtlich Neutralitätsgesetzgebung, Leih- und Pachtgesetz und Wehrpflicht in Friedenszeiten wiederzugeben, vor allem aber die Versprechungen, die Roosevelt vor seiner Wiederwahl gemacht hat, das Land trotz aller den Alliierten gewährten Hilfe aus dem Krieg herauszuhalten. Nichts kann besser beweisen, daß es Roosevelt und seine unmittelbare Umgebung war, die allein die Vereinigten Staaten in den Krieg führten, während sich das Volk — genau wie 1917 — leidenschaftlich, letzten Endes aber doch vergeblich wehrte. Geben wir Roosevelt zuerst selbst das Wort:

In der berühmten Rede vom 5. Oktober 1937 in Chikago, die gegen Italien, Japan und Deutschland gerichtet war, sprach Roosevelt von den im Gegensatz zu diesen Ländern stehenden Staaten immer wieder als den „friedliebenden Staaten“ und sagte zum Schluß: „Ich bin entschlossen, die Politik des Friedens zu verfolgen und jede praktisch durchführbare Maßnahme zu ergreifen, um eine Verwicklung in den Krieg zu vermeiden... Es müssen positive Anstrengungen gemacht werden, um den Frieden zu erhalten. Amerika haßt den Krieg. Amerika erhofft den Frieden. Amerika nimmt deshalb aktiv an den Bemühungen um den Frieden teil.“

Vor der „Pan-American Union“ sagte der Präsident am 14. April 1939: „Wir sind ebenfalls an den Ereignissen in der Welt interessiert, und unser Friedenswille kann ebenso mächtig sein wie unser Verteidigungswille.“

Am 23. Oktober 1940 sagte Roosevelt in Philadelphia: „Jedem Manne, jeder Frau und jedem Kind im Volke sage ich dies: Euer Präsident und euer Staatssekretär gehen den Weg zum Frieden. Wir waffnen uns nicht für irgendeinen fremden Krieg. Wir waffnen uns nicht für eine Eroberung oder eine Einmischung in fremde Streitigkeiten. Ich wiederhole nochmals, daß ich auf dem Boden unserer Partei stehe: ‚Wir werden an keinen fremden Kriegen teilnehmen und werden weder unser Heer noch unsere See- oder Luftstreitkräfte zu Kämpfen in fremden Ländern außerhalb Amerikas entsenden, es sei denn, wir werden angegriffen.'"

Ganz ähnlich drückte er sich am 30. Oktober 1940 in Boston und am 28. Oktober 1940 in Neuyork aus: „Die Regierung hat es unternommen, alle Möglichkeiten auszuschalten, die in der Vergangenheit zum Kriege geführt haben. Wir haben erklärt, daß kein Schiff unter amerikanischer Flagge Munition zu den Kriegführenden bringen darf und sich außerhalb der Kriegssphäre halten muß." Am 3. November 1940 sagte er: „Ich kämpfe darum, unserm Volke Glück und Frieden zu bewahren. Ich kämpfe darum, unser Land aus dem Kriege herauszuhalten." In Brooklyn und in Cleveland verkündete er: „Der oberste Grundsatz unserer Außenpolitik ist es, unser Land aus dem Kriege herauszuhalten."

Der republikanische Präsidentschaftskandidat des Jahres 1940, Wendell L. Willkie, gab die gleichen Versprechungen in seiner Wahlrede vom 2. Oktober 1940 in Cleveland, Ohio: „Das amerikanische Volk will keinen Krieg. Es hat nicht den Wunsch, sich in den Konflikt einzuschalten, weder auf der Seite des Atlantischen Ozeans noch auf der des Stillen Ozeans. Es ist entschlossen, für Amerika den Frieden zu erhalten. In diesem Entschluß bin ich eins mit dem Volk. Ich bin für Fernhalten aus dem Krieg. Ich bin für den Frieden für Amerika." Es ist tief zu bedauern, daß sich Willkie nicht im Gegensatz zu seinem Gegenkandidaten Roosevelt an sein dem Volk gegebenes Wort gehalten hat. Ein Jahr später verkündete er in einer hetzerischen, alles andere als friedlichen Rede unter anderm, daß der Präsident nicht den Willen des Volkes auszuführen, sondern das Volk nach seinem eigenen Willen zu führen habe. Das heißt mit andern Worten, daß der Präsident, wenn er den Krieg will, die Macht und das Recht haben soll, das Volk in den Krieg zu führen.

Auch Mrs. Eleanor Roosevelt hat sich früher gegen den Krieg ausgesprochen und schon 1935 gesagt: „Der Weltbrand, der 1914 begann und 1918 endete und in den die großen Staaten Europas sowie die Vereinigten Staaten und Japan verwickelt waren, hat zum erstenmal in unserer Geschichte erwiesen, daß die Idee des Kriegs veraltet ist, soweit es sich um die Erledigung von Streitigkeiten zwischen Staaten handelt. Er hat seine Ziele nicht erreicht. Es ist uns gesagt worden, daß der Weltkrieg, wenigstens von unserm Lande, gefochten wurde, um die Demokratie zu erhalten, um es zu verhindern, daß die Bevölkerung Europas unter die Herrschaft einer despotischen Regierung käme, die keine Achtung vor Verträgen oder den Rechten neutraler Staaten habe, und vor allem, um allen künftigen Kriegen ein Ende zu bereiten. Nach dem tatsächlichen Ergebnis zu urteilen, sind diese Jahre vollkommen nutzlos gewesen. Weit davon entfernt, künftige Kriege zu verhindern, hat die getroffene Regelung einfach Feindseligkeiten genährt. Es macht nicht viel aus, auf welcher Seite man in irgendeinem Kriege kämpft. Ob man gewinnt oder verliert, die Wirkungen sind dieselben. Im Weltkriege haben wir hier in Amerika weniger gelitten als die Völker der europäischen Staaten, aber wenigstens einige unserer Familien können die Gefühle derjenigen jenseits des Ozeans teilen, deren Söhne nicht zurückgekommen sind, und heute erkennen wir als Land, daß wirtschaftliche Verschwendung in einem Teile der Welt wirtschaftliche Folgen in andern Teilen hervorruft. Wir haben eine Zeitlang wirtschaftlich Nutzen gehabt, aber da die übrige Welt leidet, leiden auch wir."

Als im ersten Kriegsjahr weit und breit von Frieden gesprochen wurde, schien man diesen Äußerungen wenig Vertrauen zu schenken. Die gewählten Volksvertreter und Repräsentanten des Volkes außerhalb der gesetzgebenden Körperschaften stellten immer wieder in Besorgnis und Unruhe fest, daß Amerika sich doch, und zwar ohne Zwang von außen, nur durch die Politik der Regierung, unterstützt von einer kleinen Minderheit, in den Krieg hineintreiben ließe.

Senator Bennet Champ Clark warnte in Kansas City am 2. Mai 1941, daß der gegenwärtige Feldzug, Amerika aus dem Kriege herauszuhalten, auch ein letzter Grabenkampf um die Demokratie in USA. sei. In der gleichen Versammlung forderte Alf M. Landon, daß die Kriegsgegner nicht Anwürfen und Verhöhnungen seitens der Regierung ausgesetzt sein dürften.

Expräsident Hoover schrieb am 29. März 1941 in der „New York Times": „Die Erfahrung lehrt, daß Freiheit, Unabhängigkeit und Demokratie den Völkern nicht durch Schlachten aufgezwungen werden können. In ganz Europa kamen die Völker zur Sünderbank und wollten bekehrt werden, wurden aber bald wieder rückfällig. Wie sollen wir hier in Amerika die Unduldsamkeit in dieser Zeit niederhalten, die die freie Rede und freie Presse machtlos macht, das Falsche zu verbessern und konstruktive Debatten zu entwickeln? Wie sollen wir mit den viel größeren Schwierigkeiten als beim letztenmal unseren Kriegssozialismus und Faschismus in Amerika demobilisieren und den Menschen die Freiheit wiedergeben? Wie sollen wir mit den viel stärker als beim letztenmal erschöpften Hilfsmitteln für die Beschäftigung unserer Männer und für die wirtschaftliche Erholung nach diesem Kriege sorgen? ... Wenn unsere wirtschaftlichen Hilfsmittel nach dem Kriege teilweise noch unversehrt sind, mögen wir in der Lage sein, etwas zum Aufbau einer anderen und besseren Welt beizutragen. Wenn unser Glaube an die Demokratie inmitten der Stürme hochgehalten wird, mögen wir das Licht der Freiheit noch am Leuchten erhalten. Unsere gemeinsame Absicht ist es, daß unser Land sich auf den moralischen, geistigen und sozialen Pfaden bewegt, die es in seiner Freiheit unbeeinträchtigt, mächtig und unüberwindlich lassen."

Senator Gerald P. Nye äußerte am 27. April 1941: „Wir werden von denselben Mächten zum Narren gehalten, die uns im Weltkrieg zum Narren gehalten haben. Wir werden durch

Täuschung zu dem Glauben gebracht, daß wir in dem Chaos Europa Ordnung schaffen können. Unser Volk muß jetzt oder später zahlen und teuer zahlen für die Hilfe, die wir England geben, und für unsere eigene Verteidigung. Washington weiß, daß wir einmal zu zahlen haben werden, und es muß einen echten Krieg schaffen, um alle diese Ausgaben zu rechtfertigen. Wenn wir je in diesen Krieg verwickelt werden, so wird er von den künftigen Geschichtschreibern nur mit einem Namen bezeichnet werden, ‚der Krieg des Präsidenten', weil jeder seiner Schritte seit seiner Rede in Chikago auf den Krieg hinlenkte."

In einer Rede des Abgeordneten John G. Alexander aus Minnesota vom 18. Dezember 1940 hieß es: „Ich bin dafür, der Demokratie zu helfen und, wenn dies dazu notwendig ist, den Briten zu helfen, aber ich bin davon überzeugt, daß wir unser Gehirn anstrengen und es vermeiden müssen, dieselben Mittel zu verwenden, die wir im letzten Kriege angewandt haben. Das Emporsteigen Hitlers nach einem Kriege zur Rettung der Demokratie lehrt offensichtlich, daß wir nach meiner Meinung das falsche Mittel benutzt haben.

„Zu viele Männer, die sich im letzten Krieg zur Rettung der Demokratie verbanden, sind jetzt außerstande, uns zu beraten, ob sie glauben, daß wir auch dieses Mal dasselbe Verfahren anwenden sollen. Viele liegen auf den europäischen Schlachtfeldern, und andere sind nur noch menschliche Wracks in unsern Kriegskrankenhäusern. Leider fragen wir sie nicht um Rat...

„Es ist meine Meinung, daß wir dieses Mal den europäischen Völkern helfen sollten, jetzt zu einem dauernden und gerechten Frieden zu kommen, anstatt zu versuchen, die Zukunft auf weiteren Jahren des Kriegs und der Entbehrung aufzubauen. In den Zeitungen findet ein großer Feldzug statt mit dem Ziel, daß das amerikanische Volk sich wie eine Schafherde fühlt, die in einer Ecke zusammengedrängt ist und darauf wartet, in das Schlachthaus getrieben zu werden. Es wird uns gesagt, wir könnten nicht draußen bleiben und würden keinen Erfolg mit irgendeinem Aufbauplan haben. Diese Propaganda ist einer der schlimmsten Feldzüge in der Geschichte, um dem amerikanischen Volke ein Minderwertigkeitsgefühl zu geben und es dem Willen einer kleinen Gruppe fremder Führer unterzuordnen, die darauf ausgehen, uns in den Krieg zu stürzen."

Senator Hiram Johnson erklärte am 1. Juni 1941: „Wenn es jemals in der Geschichte dieses Landes eine Zeit gegeben hat, in der es die Pflicht der Amerikaner war, standhaft zu sein und männlich zu bleiben, dann ist es die heutige. Es kann sehr schnell zu spät dazu sein, und dann werden die ausgestreckten Hände der Freiheit die unsern nicht mehr erreichen..."

Der Abgeordnete Martin L. Sweeney sagte in einer Rundfunkansprache im Mai 1941: „Unsere Grenzen sind nicht die Kreideklippen von Dover oder die Burmastraße in China. Unsere Grenzen sind die Elendsstraßen der ‚tobacco roads' von Amerika... Ich würde es lieber sehen, wenn die ganzen 7 Milliarden Dollar, die für die Kriegsrüstung gefordert sind, auf dem Grunde des Atlantischen Ozeans versänken, als erleben zu müssen, daß auch nur einer unserer amerikanischen Jungen in ein nasses Grab geht... Wir sind entschlossen, dafür zu sorgen, daß nicht noch einmal eine Vereinigung von Müttern gefallener Soldaten (Gold Star Mothers) in Amerika gegründet werden muß."

Senator Taft (Präsidentschaftskandidat während der letzten Wahlen): „Die Vorlage ermächtigt den Präsidenten, jeder Nation in der Welt den Krieg zu erklären und in den jetzigen Krieg einzutreten, wenn er dies wünscht, wie es anscheinend der Fall ist. Kein Kongreß außer vielleicht einem Gummistempelkongreß würde eine solche Vorlage annehmen."

Senator La Follette: „Das ist keine Vorlage, die dem Präsidenten Vollmachten gibt. Es ist eine Vorlage für die Abdankung des Kongresses. Es ist das Verlangen, daß der Kongreß sich vitaler und wichtiger Rechte begebe."

Senator Shipstead: „Glaubt irgend jemand, daß in einer solchen Lage der vollziehende Teil der Regierung für einen Augenblick die Vollmachten aufgibt, die die Vorlage H. R. 1776 ihm überträgt? Jedes vorstellbare Regime würde verzweifelt um die Beibehaltung aller seiner Vollmachten kämpfen, um so die unzufriedene Kritik eines Volkes abzudrosseln, das bis an die Grenze revolutionärer Ablehnung gereizt ist. Franklin D. Roosevelt irrt ebensosehr und ist ebenso schwach wie andere Herrscher, die mit dem evolutionären Prozeß der konstitutionellen Regierung unzufrieden sind."

Senator Lodge: „Das Leih- und Pachtgesetz würde eine innere Diktatur errichten und die nationale Verteidigungskraft schwächen. Die Vorlage vergrößert nicht nur die Gefahr fremder Kriege und die Gefahr einer totalitären Herrschaft im Lande, sondern sie ermöglicht dem Präsidenten, nach seinem Ermessen in solche Bündnisse mit solchen Staaten einzutreten, die ihm gefallen. Unser Land ist einem Propagandafeldzug ausgesetzt gewesen, der seinesgleichen in der Geschichte nicht hat und dazu bestimmt ist, es in den Krieg zu verwickeln."

Senator Walter F. George, früherer Vorsitzender des Senatsausschusses für auswärtige Angelegenheiten, schrieb in einem Brief an den „Augusta Herald" am 4. Mai 1941: „Die Einrichtung von Geleitzügen würde wahrscheinlich zum Kriege führen. Aus diesem Grunde und eingedenk meiner starken Warnungen gegen die Entsendung unserer Truppen nach Europa, um dort zu kämpfen, sehe ich mich nicht in der Lage, Geleitzüge gutzuheißen."

Der Abgeordnete Karl E. Mundt aus Süd-Dakota führte am 16. Februar 1941 aus: „Längs der Ostküste macht sich ein stetig steigender Druck auf die Bevölkerung bemerkbar, für die amerikanische Einmischung in den europäischen Krieg einzutreten... Die Zeit ist gekommen, vor den Pseudopatrioten auf der Hut zu sein, die unser Land in den Krieg locken möchten. Eintritt in den Krieg oder Aufrechterhaltung des Friedens ist eine Entscheidung, die im Interesse der Jungen in der Main Street, nicht aber im Interesse der Bankiers in der Wall Street getroffen werden muß. Sie muß erfolgen, um die Mütter der Männer zu schützen, aber nicht die Krämer des Todes."

Der Senator D. Worth Clark sprach am 24. Februar 1941 das prophetische Wort: „Wenn die Demokratie, die ihr außerhalb unserer Grenzen retten wollt, aus unserm eigenen Lande verschwunden sein wird, wenn die Freiheiten von heute nur noch nebelhafte Erinnerungen sein werden, wenn die Regierung die Eisenbahnen und andere Verkehrsmittel, den Rundfunk und die Zeitungen übernommen hat, wenn die Arbeit zur Zwangsarbeit wurde und die Farmer reglementiert sind, dann, Volk von Amerika, werdet ihr unter Blut und Tränen einen schwachen Eindruck von dem erhalten, was ein moderner Krieg bedeutet."

Senator Henry Cabot Lodge jr. schrieb am 5. September 1940: „Die Zeitungen sind voll von Geschichten, daß ein weiterer Pakt beabsichtigt ist, nach dem unsere Marine Stützpunkte im Fernen Osten erhalten soll. Singapur und ein Hafen in Borneo werden genannt. Jeder weiß, daß ein Stützpunkt in der amerikanischen Halbkugel der Erde ein Ding ist und ein Stützpunkt auf der entgegengesetzten Seite ein ander Ding... Es ist kein Wunder, daß die amerikanischen Bürger sich fragen: ‚Wenn die Exekutivgewalt derartige Dinge ohne Mitwirkung des Kongresses tun kann, kann sie dann nicht auch ohne den Kongreß Krieg erklären?'"

Nun noch einige Stimmen von Amerikanern außerhalb von Senat und Kongreß:

American Federation of Labor „Chronicle", 19. Januar 1941: „Monat um Monat kommen wir dem Krieg näher, nicht weil die kriegführenden Staaten uns näher kommen, sondern durch die Handlungen unserer eigenen Regierung."

Dr. John A. O'Brien, Notre-Dame-Universität, 28. Januar 1941: „Die amerikanische Jugend würde in die Flammen des europäischen Streites gezogen werden, wenn die 90prozentige Mehrheit gegen unsern Eintritt in diesen fremden Krieg nicht ihr Schweigen und ihre Hilflosigkeit aufgibt und ihre Opposition in die Ohren des Kongresses und Präsidenten donnern läßt. Die Vereinigten Staaten würden nationalen Selbstmord begehen, wenn sie den Fehler von 1917 wiederholen und in den europäischen Krieg eintreten würden."

„The Lutheran Companion", Amtszeitung der evangelisch-lutherischen Augustana-Synode von Nordamerika, 25. Januar 1941: „Der Tag der Entscheidung für Amerika ist gekommen. Es schlägt eine schicksalsschwere Stunde. Der amerikanische Kongreß steht jetzt allein zwischen dem amerikanischen Volke und dem Verrat seiner Freiheiten."

Dr. Harry Emerson Fosdick, Riverside Church, Neuyork, sagte am 1. Juni 1941 in einer Predigt: „Ich selbst bin überzeugt, daß die Millionen einfacher Amerikaner recht haben, die immer noch sagen: ‚Haltet euch fern von einer aktiven Beteiligung am Kriege.' Um uns aktiv in diesen Krieg zu stürzen, würden drei Dinge genügen: 1. starke Ausdehnung des Kriegsgebiets, 2. unübersehbare Verlängerung der Kriegsdauer, 3. starke Vergrößerung des wirtschaftlichen und moralischen Schadens des Kriegs. Und nach einem Kriege, der räumlich und zeitlich derart ausgedehnt ist und soviel zerstört, sehe ich keinen endgültigen Sieger außer sozialer Revolution, wirtschaftlichem Chaos, Diktatur und Kommunismus. Ich selbst kann mir nicht vorstellen, daß ein neuer Krieg ein ideales Mittel ist, die Welt für die Demokratie reif zu machen."

„Chicago Daily Tribune", 3. Juni 1941: „Das volkweite Anti-Kriegskomitee der Pfarrer versandte 95000 Appelle an Geistliche von 36 Bekenntnissen mit dem Ersuchen um sofortiges Einschreiten gegen das Zusteuern des Landes auf den Krieg. Die Briefe besagen, daß es unvorstellbar ist, daß unsere

Regierung uns in den Krieg führt, wenn 83 Prozent der Bevölkerung dagegen sind, und es wird eine Volksabstimmung verlangt."

Rev. John Hayes, The Community Church, New York, 17. Februar 1941: „Wir haben in diesem Augenblick zwei Wirkungsmöglichkeiten vor uns. Wenn wir in den Krieg gehen, so wollen wir uns vergegenwärtigen, was wir tun — daß wir uns selbst, unser geliebtes Land Amerika der Gesamtsumme des Weltruins zufügen. Und was wird so sicher die Fortdauer des Kampfes bis zum letzten bitteren Ende von Verbrauch und Erschöpfung garantieren wie unser Eintritt in diese Wirren? Was wir tun würden, bedeutet Ausbreitung des Kriegs, Verlängerung seiner Dauer, Vergrößerung seines Schreckens. Wenn Sie diese Aussicht schätzen, so machen Sie weiter. Mir gefällt sie nicht, und ich würde daher, um Amerika zu retten — von der Welt ganz zu schweigen —, bis zum Ende kämpfen, um unser Land vom Kriege fernzuhalten."

The Most Rev. John J. McNicholas, Erzbischof von Cincinnati, im Januar 1941: „Zehn Prozent unseres Volkes zwingen die Vereinigten Staaten klug und geschickt in den Weltkonflikt, während die Mehrheit von neunzig Prozent, die für den Frieden ist, schweigend und hilflos danebensteht."

Kardinal William O'Connell, Dekan der Nationalen Katholischen Kirche: „Es ist für mich schwer zu verstehen, weshalb manche dieser Propagandisten das normale Verlangen des amerikanischen Volkes nach Frieden niederschreien dürfen. Was ist ihre Absicht? Sie können keine wirklichen Amerikaner sein, weil die echten Amerikaner zuerst an ihr eigenes Land denken. Es gibt gewisse Ausgebürgerte — ich glaube, Sie wissen, wen ich meine —, die ihre Stimme in lauten Tönen zu dem Vorschlag erheben, daß Amerika seine Individualität fallen lasse und eine Art Anhängsel eines fremden Weltreichs werde. Wenn dies nicht ein Beispiel exaltierter Hysterie ist, so weiß ich nicht, was es sein könnte. Trotz der übermäßigen Propaganda von allen Seiten ist es heute die Hoffnung und das Gebet des amerikanischen Volkes, daß wir von den Schrecken des Kriegs verschont bleiben. Es hat es als gewiß angesehen, daß die Autoritäten in Washington meinten, was sie sagten, und sagten, was sie meinten, als sie uns versprachen, uns vom Kriege fernzuhalten."

Derselbe Kardinal O'Connell am 4. April 1941: „Es ist das bestimmte Gefühl vorhanden, daß sich Dinge hinter der Szene, dem Volke unbekannt, abspielen. Das ist die Art Mißtrauen, die in Europa Revolutionen hervorbrachte — das Mißtrauen des Volkes gegenüber seiner Regierung. Ich hoffe, daß unser Volk dem Kriege fernbleibt. Ich weiß, das Volk will draußen bleiben, aber die Regierung scheint seine Wünsche zu mißachten, während sie immer noch von Demokratie spricht. Gewisse geheime Manöver bringen uns ständig dem Kriege näher. Ein jeder möchte wissen, wo wir jetzt stehen. Es ist nicht fair von einer Regierung, die sich demokratisch nennt, so zu handeln."

Dr. Morrison, Herausgeber des „Christian Century", im April 1941: „Das ist nicht Amerikas Krieg... Wie ist es geschehen, daß sich in den Köpfen vieler Amerikaner die Vorstellung festgesetzt hat, daß dieser Krieg Amerikas Krieg ist oder daß es Amerikas Pflicht ist, zum zweiten Male in Europas Kämpfe einzutreten? Meine Antwort muß sehr offen sein. Meine Antwort ist, daß der Präsident der Vereinigten Staaten durch eine lange Reihe von Äußerungen und eine Häufung von Handlungen die Nation in eine Lage gebracht hat, in der die öffentliche Meinung nicht mehr die Freiheit besitzt, ihre tiefste Überzeugung gegen Teilnahme an diesem Kriege auszudrücken. Die Nation ist Schritt für Schritt durch eine Periode von drei Jahren amtlicher Propaganda und amtlicher Handlungen immer weiter auf eine Kriegspolitik festgelegt worden, bis nun das letzte und verzweifelte Argument für den Krieg darin besteht, daß wir schon zu weit gegangen wären, um uns zurückziehen zu können. Das amerikanische Volk jedoch glaubt nicht, daß dies sein Krieg ist. Die Abstimmungen zur Erforschung der öffentlichen Meinung zeigen eine stetige, überwältigende Mehrheit gegen unsere Teilnahme. Weit davon entfernt, ‚Amerikas Krieg' zu sein, ist dies der ‚Krieg des Präsidenten'. Präsident Roosevelt begann sich in diesen Krieg, den ‚Krieg des Präsidenten', bei der Einweihung der Brücke in Chikago im Jahre 1937 einzulassen. Schritt für Schritt hat er seinen Krieg in das Bewußtsein des amerikanischen Volkes vorgetrieben. Der Präsident selbst hat im Effekt den Krieg bereits erklärt. Er hat den Feind bezeichnet und spricht vom Siege. Der Kongreß stellt nicht mehr das Volk dar." Dr. Morrison schloß, er wolle helfen, den Präsidenten zu unterstützen. Damit meinte er aber den Präsidenten, den das Volk im letzten November gewählt habe, nicht „den andern Präsidenten, der sein großes Amt durch Beschmutzen eines patriotischen Amerikaners wie Oberst Lindbergh schändet".

Robert M. Hutchins, Präsident der Universität von Chikago, äußerte laut „Tablet" vom 1. Februar 1941: „Wir alle müssen dem Wunsche des Präsidenten nach Redefreiheit, Religionsfreiheit, Freiheit von Not und Furcht allerorten zustimmen. Millionen Amerikaner haben den Präsidenten unterstützt, weil sie fühlten, daß er diese vier Freiheiten für Amerika erreichen wollte... Wie können die Vereinigten Staaten der leidenden Menschheit überall besser dienen, indem sie dem Krieg beitreten oder indem sie draußen blieben?... Können wir aber draußen bleiben? Es wird uns gesagt, es sei zu spät. Das Haus steht in Brand... Die Antwort lautet, daß das Haus nicht in Brand steht. Es ist das nächste Haus, das brennt. Wenn das nächste Haus in Flammen steht, so legt man nicht Feuer an sein eigenes Haus... Wir wissen, daß wir bis vor kurzem neun Millionen Arbeitslose gehabt haben und ohne unsere militärischen Vorbereitungen jetzt noch haben würden. Wenn unsere militärischen Vorbereitungen aufhören, werden wir, soviel wir wissen, wieder neun Millionen Arbeitslose haben ... Wir haben heute Not und Furcht. Wir werden Not und Furcht haben, wenn die gegenwärtigen Bedürfnisse unserer Verteidigung vorüber sind... Der Weg zum Kriege ist ein falscher Weg zur Freiheit. Eine neue moralische Ordnung für Amerika ist der wahre Weg zur Freiheit. Eine neue moralische Ordnung für Amerika bedeutet neue Kraft für Amerika und neue Hoffnung für die moralische Wiederherstellung der Menschheit. Wir wenden uns vom rechten Wege zur Freiheit ab, weil es leichter ist, Hitler für unsere Schwierigkeiten verantwortlich zu machen, als zu Hause für die Demokratie zu kämpfen."

Am 20. März 1941 sandten 55 amerikanische Bürger, darunter wohlbekannte Persönlichkeiten wie Oswald Garrison Villard, Igor Sikorsky, Felix Morley, John Haynes Holmes u. a., einen offenen Brief an Roosevelt und forderten, daß sein Versprechen, die amerikanischen Land-, See- oder Luftstreitkräfte nicht zu Kämpfen in fremden Ländern zu entsenden, nicht zu einem Wahlschlagwort herabgewürdigt würde. Weiter heißt es in dem Brief: „Wir, die Unterzeichneten, protestieren ernstlich gegen verschiedene von Ihnen kürzlich getane Äußerungen... Wir gehen von der Stellung aus, die Sie in Ihrer Rede vom 15. März eingenommen haben... Wir sind der Meinung, daß eine solche Stellungnahme seitens des Präsidenten der Vereinigten Staaten die Bereitwilligkeit einschließt, unser Heer und unsere Marine nach Übersee zu senden. Wir glauben, daß Sie eine solche Äußerung nicht hätten tun können, wenn Sie sich nicht selbst und unser Land als bereits im Kriege befindlich vorstellten. Es hat jedoch keine Kriegserklärung durch den Kongreß stattgefunden, und jede Abstimmung zeigt, daß mehr als 80 Prozent des amerikanischen Volkes gegen einen Eintritt in den Konflikt sind. Wir bedauern diesen Inhalt Ihrer Äußerung nicht nur im Interesse des amerikanischen Volkes, sondern auch im Interesse von Großbritannien selbst. Wenn Sie meinen, daß die Briten kämpfen müßten, bis der

Sieg errungen ist, so maßen Sie sich an, die Politik eines andern Landes zu diktieren."

Vincent Sheean in „Life", 20. Mai 1941: „Ebensowenig ist es vernünftig, Freiheit und Demokratie als beherrschende Ideale der amerikanischen und englischen Regierung zu nennen. Unsere Parteinahme in diesem Konflikt beruhte auf unserer gesamten Politik seit 1916, und die Weltlage ist zum Teil ein Ergebnis dieser Wahl. Alle diese halben Maßnahmen und Ausflüchte änderten nicht die Tatsache, daß Amerika im Jahre 1917 eine ungeheure Verantwortung auf sich genommen hat. Unser Versuch, uns vor ihr zu drücken, vernichtete nur das Beste von Wilsons Werk, ohne das Schlimmste zu beseitigen. Deutschland hat niemals vergessen, daß es Frieden gemacht hat auf Grund von Wilsons Versprechungen, die niemals erfüllt worden sind. Der Keim des gegenwärtigen Kriegs war in der Beilegung des letzten enthalten, die vornehmlich unter amerikanischem Einfluß erfolgt ist und dann im Augenblick der praktischen Anwendung von Amerika im Stiche gelassen wurde."

„Saturday Evening Post", 1. März 1941: „Vor 24 Jahren trat dieses romantische Land unter dem Gesang von Friedenshymnen in das Zeichen des Mars. Sowohl die Analogien wie die Ungleichheiten sind überraschend."

Ich möchte auch nicht unterlassen, unter den Anklägern der Roosevelt-Politik William Randolph Hearst zu nennen, obwohl er heute zum Rufer im Krieg geworden ist. Er schrieb am 8. April 1941 in „In the News": „Demokratie ist die teuerste und wirkungsloseste Regierung, die es gibt", und am 10. April 1941: „Nach zehn Jahren Krieg wird nirgendwo in der Welt auch nur ein Fetzen Demokratie übrigbleiben. Schon jetzt ist in diesem Lande sehr wenig davon übrig und noch weniger in England."

Wie Mr. Hearst scheint auch der Führer der Isolationisten, Senator Burton K. Wheeler aus Montana, nun in das Lager Mr. Roosevelts übergegangen zu sein. Für die Kriegserklärungen vom Dezember 1941 hat er jedenfalls gestimmt. Aber seine früheren Ansichten klingen anders („New York Journal and American", 31. Dezember 1940): „Es ist diese satanisch geschickte Propaganda, die an das Christentum, an Idealismus, Menschlichkeit und an die Loyalität des amerikanischen Volkes appelliert, die uns zum Kriege führt. Ihr müssen wir Widerstand leisten... Wir haben eine seltsame Lage in Amerika erreicht, wo die, die für den Frieden sprechen, die nicht der Linie der Partei folgen, als Friedensmacher um jeden Preis oder unwissende Werkzeuge der Diktatoren gebrandmarkt werden. Wir leben aber noch in einer Demokratie... Die freie Rede steht noch dem ganzen Volke zu... Ich glaube nicht, daß die große Mehrheit unseres Volkes den dringenden Wunsch nach Krieg hat, und ich rufe Sie auf, keine Scheu zu haben, dies zu sagen. Ich jedenfalls bin der Meinung, daß die von den Interventionisten befürwortete Politik verrückt ist, weil sie zum totalen Kriege führt, und der Krieg ist Verrücktheit... Amerikaner! Laßt euch nicht von einer Massenhysterie davontragen. Geht nicht wieder den Weg, den ihr 1917 eingeschlagen habt."

Am 15. April 1941 erklärte Senator Wheeler nach einem Bericht der „New York Times" in Denver, Colo., daß „Tausende in den Blutbädern Europas und Afrikas wegen der Zusicherung geopfert worden sind, die die Gesandten und Vertreter Präsident Roosevelts ihren Regierungen gegeben haben. Amerikas Versprechungen militärischer Hilfe an Jugoslawien und Griechenland konnten nicht erfüllt werden, aber sie haben diese Staaten den blutigen Weg zum Kriege geführt. Unsere Garantien für den Balkan sind ebensowenig verwirklicht worden wie die Englands und Frankreichs an Polen."

Den Mut, die eigene Überzeugung gegen eine herrschende Schicht zu vertreten, haben viele Amerikaner bewiesen. Unter ihnen ragt durch seine Persönlichkeit Oberst Charles A. Lindbergh hervor, in dessen Adern das Blut schwedischer Vorfahren fließt. Als er als Erster allein in einer schlechten Maschine den Atlantik überflog, wurde er in den Vereinigten Staaten unendlich bejubelt und erhielt so viele Huldigungsbriefe, daß es 36 Jahre erfordert hätte, sie zu lesen. Mit Bewunderung und Stolz vernahm man in Schweden die Kunde von seiner Tat. Lindbergh hat aus seiner tiefen Sachkenntnis heraus mit einer Vorhersage militärischer Ereignisse auf einem neuen europäischen Kriegsschauplatz völlig recht gehabt. Nach vieler Amerikaner und meiner Meinung hat er auch recht, wenn er als Kämpfer gegen den Kriegseintritt Amerikas sagte, was die „New York Times" am 24. April 1941 berichten: „Der Krieg ist für unser Land nicht unvermeidlich. Die gegenteilige Behauptung ist Defätismus im wahren Sinne. Niemand kann uns zum Kämpfen im Auslande zwingen, wenn wir nicht selbst dazu willens sind. Niemand wird versuchen, uns hier zu bekämpfen, wenn wir so rüsten, wie es uns als großer Nation zukommt. Über hundert Millionen Menschen dieses Landes sind gegen den Eintritt in den Krieg. Wenn die Grundsätze der Demokratie irgend etwas zu besagen haben, so ist das Grund genug für uns, draußen zu bleiben. Wenn wir in den Krieg gezwungen werden entgegen den Wünschen einer überwältigenden Mehrheit unseres Volkes, so ist erwiesen, daß die Demokratie bei uns zu Hause ein derartiger Fehlschlag ist, daß es wenig Zweck haben wird, für sie im Ausland zu kämpfen.

„Die Zeit ist gekommen, wo diejenigen von uns, die an ein unabhängiges amerikanisches Geschick glauben, sich zusammenschließen und die Kräfte organisieren müssen. Wir sind durch eine Minderheit unseres Volkes dem Kriege entgegengeführt worden. Diese Minderheit hat Macht. Sie hat Einfluß. Sie hat eine laute Stimme. Aber sie repräsentiert nicht das amerikanische Volk. In den letzten Jahren bin ich durch dieses Land von einem Ende zum andern gereist. Ich habe mit vielen Hunderten Männern und Frauen gesprochen, und ich habe

Briefe von weiteren Zehntausenden, die in derselben Weise empfinden wie Sie und ich.

„Die meisten dieser Menschen haben weder Einfluß noch Macht. Die meisten von ihnen haben nicht die Möglichkeit, ihre Überzeugungen auszudrücken außer durch ihre Stimme, die immer gegen den Krieg gewesen ist. Es sind die Bürger, die für ihr tägliches Brot zu hart arbeiten müssen, um politische Versammlungen zu organisieren. Bisher haben sie sich auf ihre Stimme als das Mittel zum Ausdruck ihrer Gefühle verlassen. Aber jetzt finden sie, daß kaum noch daran gedacht wird außer in der Redeschlacht eines Wahlfeldzugs. Diese Leute, die Mehrheit der hart arbeitenden amerikanischen Bürger, sind mit uns. Sie sind die wahre Stärke unseres Landes. Und sie beginnen zu erkennen — wie Sie und ich —, daß es Zeiten gibt, wo wir unsere normalen Interessen im Leben opfern müssen, um die Sicherheit und Wohlfahrt unseres Volkes zu sichern."

Lindbergh hat sich als guter Bürger seines Landes jetzt, da es sich im Krieg befindet, vor dem er an erster Stelle gewarnt hat, erwiesen. Er hat sich freiwillig für die Aufgaben gemeldet, für die er berufen ist, obwohl er vor einigen Monaten sein Amt als Berater der Luftwaffe als Antwort auf die ihm durch Roosevelt zugefügten Schmähungen ebenso freiwillig niederlegte.

Man sollte sich in Europa davor hüten, den Gesinnungswechsel von Männern wie Hearst, Wheeler und andern Abgeordneten und Senatoren, die für die Kriegserklärung an Japan, Deutschland, Italien und deren Verbündete stimmten, nachdem sie sich früher gegen den Kriegseintritt ausgesprochen, zu verdammen. Man muß wissen, unter welch unfaßbarem Druck sie in der „freiesten Demokratie der Welt" standen. Roosevelt, unterstützt durch die interventionistische Presse, bestimmte Hetzorganisationen und das Federal Bureau of Investigation (F.B.I.) und das Dies-Committee des Kongresses, tat alles, um diejenigen, die aus eigener Überzeugung und Kenntnis anderer

Meinung sind, als „Nichtamerikaner“, Hitleragenten und Mitglieder der Fünften Kolonne, das heißt als Verräter abzustempeln. Es gehört großer Mut dazu, seine Überzeugung, sie sei noch so fest, zu vertreten. In undemokratischer Weise werden alle, die ein gutes Wort für Deutschland, seine Regierung, seinen Führer, seine Regierungsform und seine Einrichtungen finden, verleumdet, verfolgt, aus ihren Stellungen entlassen, vom Arbeitsmarkt ausgeschlossen, dem Elend preisgegeben. Selbst Männer, die dem Namen Amerikas in Wissenschaft, Technik und Geschäftsleben und durch ihren lauteren, furchtlosen Charakter hohe Ehren gebracht haben, entgehen diesem Schicksal nicht.

Schon lange vor den letzten scharfen Maßnahmen der USA.-Regierung beschäftigten sich Zeitschriften wie „Living Age“ mit der Frage, wen man von den Amerikanern, die sich eine eigene Meinung bewahrt haben und nicht etwa aus Neigung zu Deutschland, sondern aus Liebe zu Amerika, vor dem Eintritt Amerikas in den Krieg warnten, internieren und in Konzentrationslager sperren sollte! Entspricht das der Verkündung der berühmten Freiheiten aus der Rede Roosevelts? Ist in dem Amerika Washingtons, Lincolns und Jeffersons „freedom of speech“ schon tot? Sie waren die wahren Patrioten, die ihr Land vor großem Unglück bewahren wollten.

Die Amerikaner haben in den letzten Jahren den totalitären Staaten vorgeworfen, daß bei ihnen die Freiheit der Rede nicht mehr bestände, daß Gegner des Regimes mundtot gemacht, ja selbst in Konzentrationslager gebracht würden. Als Bürger eines freien und unabhängigen Landes kenne ich wohl den hohen Wert der freien Meinungsäußerung und beklage es, wo immer sie unterdrückt wird. Aber in den europäischen Staaten, die durch den Weltkrieg und die Friedensverträge mit ihren Folgen verelendet, innerlich uneinig und in Dutzende von politischen Parteien gespalten waren, hatte es einen staatsmännischen Sinn, wenn die Bevölkerung erst einmal wieder zur

Einheit erzogen werden mußte und wenn zersetzende und aufrührerische Elemente zeitweise ausgeschaltet wurden.

In den Vereinigten Staaten ist es anders. Sie sind ein reiches, ungeheuer großes Land, gesegnet mit Naturschätzen, ein junges Land ohne die Gebrechen des alten Europa, ein Land, in das die Menschen aus Europa gläubig wanderten, die von der Armut und Dürftigkeit in ihrer alten europäischen Heimat genug hatten und sich nach der großen Freiheit sehnten. Die Staaten kennen nur zwei große Parteien und ein paar Splitterparteien, die sich in den großen Fragen immer wieder zusammengefunden haben. Stets und in jeder Lage durfte jeder seine Meinung sagen, bei Wahlen oder sonstigen Gelegenheiten, ohne befürchten zu müssen, daß ihm etwas anderes zustieß, als daß er mit seiner Meinung unterlag, weil die, die eine andere hatten, in der Mehrzahl waren und daher nach demokratischer Auffassung recht hatten oder zumindest mit ihrer Ansicht durchdrangen.

Für Millionen war Amerika das Land der erträumten Freiheit, das Märchenland der unbegrenzten Möglichkeiten, wo man steinreich werden konnte, wenn man nur den Spaten in Kaliforniens Erde setzte oder einige Sprengschüsse in die Felsen von Klondike legte. Nie war man scharfsichtiger und erfindungsreicher, als wenn man nach Fehlern und Mängeln im eigenen Lande suchte, während man Amerika mit einem Überfluß an allen Dingen schmückte, die das Leben schön und glücklich machten. Ich erinnere mich noch, wie bei dem schwedischen Verteidigungsstreit 1913 und 1914 unreife Burschen auf die Wehrpflicht schimpften und den Hut auf dem Kopf und die Hände in den Hosentaschen dastanden, als die schwedische Flagge gehißt wurde. Viele schüttelten damals den Staub von den Füßen und sahen mit überlegenem Lächeln die Küste von Bohuslän verschwinden, während sie über die Wogen nach Westen steuerten auf der Fahrt nach der ersten Million. Und stolz wie Puterhähne begrüßten die jungen Helden die weltumarmende Fackel der Freiheitsgöttin, um, wie früher die Wikinger an der Küste von Vinland, ihre neue Heimat in Besitz zu nehmen. Und wenn sie sich dann bei feierlichen Gelegenheiten auf Minnesotas Wiesen versammelten, standen sie als gute amerikanische Mitbürger in strammer Haltung, den Hut in der Hand, da, wenn das Sternenbanner gehißt wurde.

Und was sagen die Auswanderer und ihre Söhne jetzt? Wo sind die schönen Träume und die unermeßliche Freiheit? Kommt es ihnen nicht seltsam vor, daß man nicht ungestraft aussprechen darf, daß Amerika seine freien Söhne in einen Krieg auf der andern Hemisphäre hineinzwingt? Scheint es ihnen nicht unfaßlich, daß sie plötzlich Verräter genannt werden, wenn sie in ihrer Unschuld fragen, was ihr Präsident eigentlich meinte, als er sich vor einigen Monaten den größten Isolationisten Amerikas nannte und versprach, sein Volk vor den Schrecken des Kriegs zu bewahren? Wenn sie auf den Wiesen Minnesotas stehen, an Händen und Füßen mit unsichtbaren Ketten gefesselt, und den Hetzreden eines Willkie, Knox, Stimson und La Guardia zuhören, müssen sie sich da nicht wundern und fragen, ob das Freiheit und Demokratie ist? Mit Wehmut, Bitterkeit und Trauer werden sie in der Erinnerung dem Rauschen der ewig rollenden Brandung an der Küste von Bohuslän lauschen.

Vermutlich haben sie, wie alle andern Amerikaner, schon gelernt, daß Reden Silber und Schweigen Gold ist. Und fahren sie in aller Stille fort zu fragen, so ist der amerikanische Wortschatz reich an Antworten. Wenn sie und die jungen Alumnen, die in den Studentenvereinen eine Resolution fassen „Kein Eintritt in Europas Krieg", von ihren Universitäten relegiert und gleichdenkende Professoren verabschiedet werden mit der Begründung, sie eigneten sich nicht zu Jugendführern, dann wissen sie Bescheid und schweigen wie eine Mauer. Sie machen sich darauf gefaßt, daß eines Tages auch sie den Legionen nach den Schlachtfeldern Europas, in die Gräber auf dem Grunde des Atlantiks und auf den unermeßlichen, stummen dunklen Kirchhof der Transportschiffe folgen werden.

Zu dem Problem „Hie Demokratie — Hie Präsident der Demokratie“ lasse ich als letztes einen Aufsatz aus der „Saturday Evening Post“ vom 5. Dezember 1940 folgen. Bekanntlich ist sie ein illustriertes Wochenblatt mit Millionenauflage:

„Wir sprechen hier weder vom Krieg noch vom Frieden.

Während wir schreiben, läuft die Nachricht um, daß der Präsident den Kongreß der Vereinigten Staaten aufgefordert habe, abzudanken. In den Nachrichten ist dies zahm ausgedrückt. Die Schlagzeile der ‚New York Times‘ lautet: ‚Vorlage gewährt dem Präsidenten unbeschränkte Vollmacht zum Verleihen von Kriegsrüstungsmaterial und Hilfsmittel.‘ Ein genialer Schachzug, sie nebensächlich erscheinen zu lassen. Der amtliche Titel der Vorlage ist noch zahmer, er lautet: ‚Eine Vorlage zur Förderung der Verteidigung der Vereinigten Staaten und für andere Zwecke.‘

Dann sehen wir uns die Vorlage an. Man bedenke, es ist die eigene Vorlage des Präsidenten. Sie ist das, was er sich wünscht. Sie ist daher die authentische Enthüllung seines Geistes. Nach der Vorlage zu urteilen, will er folgendes:

Macht nach seiner eigenen Wahl, zu seinen eigenen Bedingungen und wie er es für richtig befindet, um überall in der Welt nichterklärte Kriege zu führen.

Macht nach seiner eigenen Wahl, andere Nationen zu Freunden und Feinden zu machen.

Macht nach seiner eigenen Wahl, die gesamten Hilfsmittel des Landes zu diesen Zwecken zu verwenden.

Macht nach seiner eigenen Wahl, militärische Bündnisse mit andern Regierungen zu schließen und andern Regierungen alle militärischen Hilfsmittel der Vereinigten Staaten zu verleihen, zu verpachten oder zu übergeben, mit der alleinigen Ausnahme von Menschen, und das nur, weil sie nicht ausdrücklich erwähnt sind.

Macht, durch Verordnung diejenigen Gesetze zu erlassen, die er für die Durchführung seiner Absichten für erforderlich hält.

Macht, über Geld in jeder Höhe zu verfügen.

Macht, sich selbst alle diejenigen Vollmachten zu übertragen, die er haben will.

Bezeichnenderweise, und zum ersten Male in der achtjährigen Geschichte des fortschreitenden Zurückweichens des Kongresses, befindet sich in der Vorlage keine zeitliche Begrenzung.

Sie kann für immer sein.

Dies sind die normalen Vollmachten eines Diktators.

Es wird immer gesagt, daß der Kongreß zurücknehmen kann, was er gibt. Dabei vergißt man erstens, daß es in der Natur der Macht liegt, sich selbst zu befestigen und auszudehnen, zweitens, daß der Haken, mit dem das exekutive Prinzip den zahmen Leviathan herauszieht, einen Stachel hat. Es ist für den Kongreß viel leichter, Macht zu verteilen, als sie zurückzunehmen. Die Verteilung erfordert nur eine einfache Mehrheit. Sie zurückzunehmen, wenn der Präsident sie nicht aufgeben will, erfordert eine Zweidrittelmehrheit...

In dem letzten großen Tempel der Freiheit ist das Bild der absoluten Regierung enthüllt worden, und eingedrillte Massen haben hurra geschrien. Um von der Geißel des totalitären Prinzips verschont zu werden, muß die sündige Demokratie jetzt das gesalbte Abbild davon umarmen. Als eine eherne Schlange ist es dem Volke von seinem Führer vorgehalten worden, und unter denen, die gesagt haben: ‚Siehe, das wird uns retten', sind viele, die erst vor kurzem sich vor ebendemselben Ding fürchteten und die andere ermahnten, den Geist vor ihm zu verhärten.

Die Geschichte mag sagen, daß die Leute von einem der großen Führer der modernen Zeit mitgerissen worden seien, von einem, der es verstand, auf ihren Ängsten und Leidenschaften wie auf Saiten zu spielen. Es ist nicht so einfach. Sie waren ein gläubiges Volk. Sie glaubten an Worte...

Warum nicht? Weil während des Wahlkampfes beide Parteien und beide Kandidaten starr an der Formel der Hilfe für die Demokratien durch ‚Maßnahmen, ausgenommen Krieg', festhielten. Das Volk glaubte an diese Worte. Buchstäblich, es glaubte daran.

Unmittelbar nach der Wahl behandelte der Präsident diese Formel als das, was sie war — ein Schlagwort. Niemals nach seiner Wiederwahl hat er sie wieder verwendet.

Während des Wahlkampfes waren dies die Worte des Präsidenten: ‚Wir werden an fremden Kriegen nicht teilnehmen und werden unser Heer, unsere See- und Luftstreitkräfte nicht zum Kampfe in fremde Länder außerhalb Amerikas entsenden, es sei denn, wir werden angegriffen... Das grundlegende Ziel unserer Außenpolitik besteht darin, unser Land vom Kriege fernzuhalten.'

Hätte er damals gesagt: ‚Wenn ich wiedergewählt werde, ziehen wir alle für England hinaus. Wenn ich wiedergewählt werde, werde ich verlangen, daß der Kongreß mir die Vollmacht überträgt, nach meinem Ermessen überall in der Welt ohne Kriegserklärung Kriege zur Verteidigung der Demokratien zu führen und zu diesem Zwecke alle Waffen, Munition, Flugzeuge, Schiffe, Waren und Güter aller Art zu verwenden; ferner die Vollmacht, nach meinem eigenen Ermessen die erforderlichen Gesetze zu erlassen. Und dann, meine Freunde, brauchen wir nicht Ihre und meine Zeit an Debatten darüber zu verschwenden, ob das Neutralitätsgesetz oder der Johnsonakt aufzuheben ist oder nicht. Der Kongreß mag sie sich einrahmen lassen und sie behalten.'

Hätte er diese Dinge gesagt — hätte er dem Volke gesagt, was er zu tun beabsichtigte —, wäre vor der amerikanischen Wahl hierauf keine Antwort gekommen?

Wir glaubten nicht, daß das dem amerikanischen Volke angetan werden konnte; wir haben uns getäuscht. Wir glaubten nicht, daß die Leute durch Suggestion dazu veranlaßt werden könnten, ihre Geburtsrechte aufs Spiel zu setzen. Der Präsident sagte ihnen, daß Amerika seine Kräfte anstrengen muß, um Großbritannien zu retten, um China zu retten, um Demokratien aller Art überall in der Welt zu verteidigen und das Aggressionsprinzip in ihnen dauernd zu zerstören, weil ‚in Zeiten wie den jetzigen es ein Zeichen der Unreife — und zugleich unwahrhaftig — ist, wenn jemand prahlt, daß ein unvorbereitetes Amerika, dessen eine Hand auf den Rücken gebunden ist, mit der andern allein die ganze Welt abwehren könnte'. Das alles in einer Rede.

Das Bild eines Landes mit einer auf den Rücken gebundenen Hand ist offensichtlich eine Anspielung auf die Art, in der das parlamentarische Prinzip, nämlich der Kongreß, den Herrscher beengt. Der Diktator, der sich um keinen Kongreß zu kümmern braucht, hat beide Hände frei. Und das ist es, was der Präsident will.

Wohin nun, Amerika?"

Auf die bange Frage „Wohin, Amerika?" ist die Antwort erfolgt. Sie hieß „in den Krieg".

8. ROOSEVELT UND DAS ZWEITE KRIEGSJAHR

Ein Jahr war seit der britischen Kriegserklärung an Deutschland vergangen, als das Inselreich selbst die Schläge des Gegners durch die heftigen Luftangriffe auf seine Hauptstadt zu spüren bekam. Während in den Vereinigten Staaten jeder noch so kleine und erfolglose Angriff auf Deutschland selbst von vielen derjenigen, die den Krieg verabscheuten, aufgebauscht wurde oder auch entstandene Schäden als gerechte Strafe angesehen wurden, lösten die unzweifelhaften Leiden Englands, insbesondere Londons, eine riesige Propagandawelle für die Englandhilfe aus. Aber in alle Hilfsbereitschaft mischte sich immer stärker die Besorgnis um das Schicksal Amerikas, wenn nun auch England erliegen sollte. „If England falls" — diese Worte kehrten in Reden, Aufsätzen und Büchern ungezählte Male wieder.

Großbritannien suchte, wie in Norwegen, Holland und Belgien, seinem Schicksal wiederum zu entgehen, indem es neue Kriegsschauplätze in entfernter gelegenen Teilen Europas schuf und durch Garantien, deren Unerfüllbarkeit von vornherein feststand, andere Völker vor seinen eigenen Kriegswagen spannte. Im Fall Rumäniens war es vergeblich, denn dieses Land verband sich nach dem Sturz seiner korrupten Regierung mit den Achsenmächten. Griechenland und Jugoslawien wurden eine leichtere Beute der Briten und Roosevelts. Großbritannien hatte vor allem die Absicht, sich in Griechenland und auf den griechischen Inseln festzusetzen, um von dieser Basis aus dem weiteren Vordringen der Deutschen und Italiener auf dem Wege zu den englischen Besitzungen am östlichen Mittelmeer und am Indischen Ozean Einhalt zu gebieten. Von Jugoslawien aus aber hoffte man, den traditionellen Unruheherd des europäischen Südostens wiederaufzurichten, um auch die inzwischen zu einer Neuordnung und zum Bündnis mit den Achsenmächten übergegangenen Staaten Ungarn, Bulgarien und Rumänien in das Ränkespiel einzubeziehen. Ebenso hoffte man, die Türkei aus ihrer tapfer gehaltenen Neutralität heraus auf die Seite Großbritanniens zu bringen und Rußland ein Sprungbrett für seine Aktivität zu schaffen.

Ich will mich mit der britisch-russischen Politik weniger befassen und nur kurz untersuchen, wieweit Präsident Roosevelt sie unterstützte. Alle Schuld Großbritanniens an der Kriegsausweitung, so schwer sie sein mag, wiegt leichter als die der Vereinigten Staaten, denn Großbritannien steht in einem Kampf um Leben und Tod des Inselreichs und des Empire. Die Vereinigten Staaten aber waren bis zum Ende des Jahres 1941 noch immer ein neutrales Land, und Roosevelts Politik in Südosteuropa war ein unentschuldbarer Eingriff.

Zunächst sandte Roosevelt wieder einen seiner Sondergesandten zur Erkundung der Stimmung und der Möglichkeiten. Ich habe vorher schon von der Mission des Unterstaatssekretärs Sumner Welles gesprochen und von der Reise Wendell Willkies nach England. Auf den Balkan ging Mr. William „Bill“ Donovan. Er hatte die Eigentümlichkeit, seine Informationen vor allem in den Amüsierstätten der Balkanstädte zu sammeln, und vergaß eines Morgens seine Brieftasche nebst Paß und interessanten Notizen in einem Nachtlokal.

Oberst Donovan, ein besonderer Freund des amerikanischen Marineministers Knox, holte sich zunächst in Sofia eine glatte Abfuhr. In Belgrad hoffte er auf ein leichtes Spiel, zwar nicht beim damaligen Regenten, dem Prinzen Paul, wohl aber bei der Gruppe serbischer Offiziere und Politiker, die im Widerstand gegen die Neuordnungsbestrebungen der Achsenmächte ein Tätigkeitsfeld sahen und den Verlockungen des Dollars nicht abgeneigt waren. Wie jetzt bekannt ist, wurde der Belgrader Regierung im Februar 1941 ein amerikanisches Garantieangebot übermittelt, das später vom Weißen Hause abgeleugnet wurde. Einige amerikanische Rundfunkstationen haben sich Ende März auch damit gebrüstet, daß sie während der vergangenen Wochen täglich Sondersendungen in serbischer und kroatischer Sprache gegeben hätten, um die Bevölkerung Jugoslawiens zu Aufstand und Krieg gegen die Achsenmächte aufzuhetzen. Wie sehr Roosevelt mit dem Schicksal von Völkern spielte, denen er ebensowenig bieten konnte wie Churchill, geht aus einer Meldung der „Associated Press" hervor. Sie schreibt, daß die Jugoslawen bis zum Frühjahr 1942 auf Lieferungen aus USA. warten müßten, weil die Transportschwierigkeiten und der eigene Mangel Amerikas an Kriegsmaterial frühere Hilfe nicht gestatteten.

In der „Saturday Evening Post" (Mitte Mai 1941) beschäftigte sich Demaree Bess, ein amerikanischer Kriegsberichterstatter, mit der Rolle Amerikas beim Ausbruch des Balkankriegs 1941. Er sagt, daß sich die USA.-Regierung direkt in ihn eingemischt habe. Eine kleine Gruppe Amerikaner sei verantwortlich für die Herbeiführung einer Explosion, die Jugoslawien in weniger als zwei Wochen in Stücke gerissen hat. Die Regierung sei Verpflichtungen eingegangen, die tatsächlich eine neue amerikanische Grenze an der Donau geschaffen hätten. Die Amerikaner hätten die deutsche Stärke gekannt und voraussehen müssen, daß Jugoslawien überrannt werden würde. Sie hätten jedoch Kriegspolitik spielen wollen. Amerika war viel zu weit vom Balkan entfernt, um aktiv helfen zu können, und es sei auch kein Schiffsraum für Trapsporte vorhanden gewesen. Donovan habe in Belgrad erklärt, wenn ein Abkommen mit Deutschland geschlossen werde, würden die USA. Jugoslawien als Feind vor und nach dem Kriege ansehen. Der USA.-Botschafter Lane habe unermüdlich im gleichen Sinne gewirkt. Damit habe er sich in Washington beliebt gemacht, denn amerikanische Diplomaten, die günstig über die Achsenmächte und

Deutschlands Stärke berichteten, fielen in Washington unangenehm auf.

Obwohl ich damit zeitlich vorgreife, möchte ich gleich den Berichterstatter Demaree Bess mit einem Artikel in „Saturday Evening Post“ vom November 1941 sprechen lassen, den er nach Rückkehr aus Europa veröffentlichte. Er wundert sich über seine Landsleute und vor allem seine Regierung, die sich in dem Glauben wiegten, eine Kriegshandlung nach der andern begehen und dabei doch dem Kriegseintritt ausweichen zu können. Wörtlich fährt er fort: „Keine Nation kann, wie wir es taten, aus dem Krieg ein Geschäft machen, ohne eines Tages gezwungen zu sein, auch die Konsequenz des Risikos von Sieg oder Niederlage zu ziehen.“ Die Politik, die man 1938 und 1940 noch ohne besondere Gefahr betreiben konnte, sei 1941 ganz fehl am Platze. Jetzt sei man bereits am Krieg in Europa beteiligt, und diese Tatsache könne durch „keinen politischen Hokuspokus weggezaubert“ werden.

Daß Jugoslawien ermutigt wurde, Deutschland Widerstand zu leisten, ist aber nicht nur durch Zeitungsreporter, sondern durch die Bekanntgabe des Telegrammwechsels zwischen Präsident Roosevelt und der Belgrader Regierung — kurz danach geschah das gleiche mit Athen — und durch die Berichte des Obersten Donovan selbst bekanntgeworden, die die „Washington Post“ im März 1941 veröffentlichte und in denen er aussprach, daß Deutschland all das nicht vergessen würde.

Die Tätigkeit Donovans und des früheren Botschafters in Paris, Bullitt, dessen Einmischung in europäische Angelegenheiten aus dem Beginn des Kriegs in unheilvoller Erinnerung ist, erinnert an eine Erzählung des französischen Ministers Hanotaux in seinem großen Werk über den Weltkrieg. Darin heißt es, daß Frankreich bereits im Herbst 1914 nahe daran war, Deutschland ein Friedensangebot zu machen. Da sei aber der damalige amerikanische Botschafter bei der französischen Regierung erschienen und habe sie beschworen, den Krieg fortzusetzen. Er versprach, daß die USA. in den Krieg eintreten würden. Im Augenblick seien zwar nur 50000 einflußreiche Leute in USA. für den Krieg, bald aber würden es 100 Millionen sein.

Aber nicht nur die kleinen Staaten wurden mit Versprechungen auf amerikanische Hilfe irregeführt, auch Großbritannien mußte die Einmischung der Vereinigten Staaten bereits büßen und wird es in Zukunft noch mehr tun. W. R. Hearst hat im Mai 1941 in einem seiner Leitartikel festgestellt, daß der ganze Krieg schon vorbei sein würde, wenn Roosevelt ihn nicht dauernd schürte. England hätte ohne Roosevelts Ermutigungen sicher die Bedingungen der Achsenmächte angenommen, in denen das Empire garantiert und lediglich gefordert wurde, daß England sich künftiger Einmischungen auf dem Kontinent enthalte.

Hearst steht mit seiner Ansicht auch in Amerika nicht allein. Zu Ende des Jahres 1941 veröffentlichte Freda Utley, eine geborene Engländerin, die mit einem Amerikaner verheiratet ist, der dem Council on Foreign Relations nahesteht, aus ihrer journalistischen Tätigkeit Rußland und Ostasien gut, Deutschland etwas kennt, einen Artikel in einer amerikanischen Zeitschrift, den der von Millionen gelesene „Reader's Digest" nachdruckte. Der Kernpunkt ihrer Ausführungen war, daß es für Großbritannien die höchste Zeit sei, mit Deutschland zu einem Verhandlungsfrieden zu kommen. Bei Fortsetzung des Kriegs setze England Mutterland und Empire aufs Spiel, denn allein könnte es militärisch und materialmäßig nicht siegen, und die amerikanische Hilfe reiche auf keinen Fall aus. Die Englandfreunde in den USA. betrachteten die Lage nicht realistisch und stachelten England auf, den Kampf fortzusetzen, obwohl es längst klar wäre, daß England niemals den europäischen Kontinent zurückerobern könne. Die sogenannten Freunde Englands in Amerika seien daher in Wahrheit seine schlimmsten Feinde. Ein baldiger Friedensschluß zwischen England und Deutschland sei auch das Günstigste für Amerika, denn es sei viel leichter für England und die Vereinigten Staaten, dann zwei von den vier westlichen Großmächten zu bleiben, als zu versuchen, Deutschland und Japan zu vernichten und sich selbst zu Herren der Welt zu machen. Die beste Sicherheit für Amerika läge in einem Frieden, der Englands Souveränität und die der Dominien erhält, und zu einem solchen Frieden könne England noch gelangen. Die Amerikaner, die sich weigern, die bittere Realität der Lage zu erkennen, fügten England und ihrem eigenen Lande einen unvorstellbaren Schaden zu. Würde England aber von seinen sogenannten Freunden in USA. bestimmt, jeden Friedensgedanken abzulehnen und ohne sichere Hoffnung auf Sieg die Niederlage zu riskieren, dann würde es sich eines Tages in die Lage Frankreichs gedrängt sehen, das heißt, gegen seine Freunde Front nehmen müssen, um überhaupt weiterbestehen zu können.

Von solchen in Wahrheit realistischen Erwägungen war Roosevelt weit entfernt. Er wollte „seinen Krieg" und setzte alles in Bewegung, um endlich zum Ziel zu kommen. Einige Tage nach dem deutschen Einmarsch in Jugoslawien und Griechenland, die Opfer der nicht erfüllten amerikanischen Hilfsversprechungen wurden, besetzten amerikanische Truppen auf Befehl Roosevelts Grönland und stießen damit aus der westlichen Erdhälfte in die östliche vor. Grönland wurde Stützpunkt für den amerikanischen Geleitschutz der britischen Schiffahrt. Einen Monat danach proklamierte Roosevelt den unbegrenzten Ausnahmezustand (unlimited state of national emergency). Drei Wochen darauf zwang er unter dem Vorwand, damit die angebliche Propaganda der Achsenmächte unterbinden zu wollen, alle deutschen und italienischen Konsulate und Reisebüros in den USA. zur Schließung und wies ihr Personal aus.

Am 6. Juni ließ der Präsident alle deutschen, italienischen, französischen, rumänischen, spanischen und baltischen Schiffe, die sich in nordamerikanischen Häfen befanden, beschlagnahmen. Sie wurden sofort unter dem Sternenbanner in Dienst gestellt. Diese Maßnahme verstieß gegen das Völkerrecht, nach dem kein neutraler Staat derartige Handlungen vornehmen darf. Auch die amerikanische Gesetzgebung selbst bot keine legale Handhabe für diesen Schritt.

Damit nicht genug. Am 25. Juni erhielt die Menschheit von der Regierung in Washington ganz unerwartet eine geographische Belehrung. Sie erklärte, die Vereinigten Staaten rechneten Island zur westlichen Halbkugel — ein seltsames Beispiel für Dr. Alfred Wegeners bekannte Theorie der „Kontinentalverschiebung"!

Anfang Juli 1941 erteilte Roosevelt der gesamten USA.-Flotte den Befehl, ohne Warnung deutsche Kriegsschiffe im Atlantik anzugreifen. Der Kommentator Alsop, ein Verwandter Roosevelts, hatte schon Anfang Juni darauf hingewiesen, daß „Roosevelt nur darauf warte, daß von deutscher Seite der erste Schuß fiele, und darauf hoffe, durch Flottenpatrouillen der USA.-Marine Deutschland dazu zu provozieren". Den Erlaß des sogenannten Schießbefehls bestätigte sein enger Mitarbeiter Wendell Willkie. Selbst dieser Provokation gegenüber wahrte Deutschland Ruhe.

Diese letzten Handlungen Roosevelts waren als Unterstützung des neuen Bundesgenossen der Demokratien, Sowjetrußlands, erfolgt.

Von dem Wohlwollen, mit dem Roosevelt das britische Vorgehen in Syrien, im Irak und in Iran begleitete, habe ich bereits gesprochen. Aber mit Wohlwollen allein ist Großbritannien schon längst nicht mehr geholfen, es will praktische Unterstützung. Die verhieß ihm Roosevelt auch im Nahen Osten und Afrika. Als er im August 1941 von der Atlantikkonferenz mit Churchill zurückkam, beschloß er, einen amerikanischen „Flugzeugfährdienst" über Brasilien und Westafrika nach dem Vorderen Orient einzurichten. Auf diesem Wege sollten amerikanische Flieger Bombenflugzeuge nach Khartum und andern Orten des Vorderen Orients bringen. Der Entschluß lag vier Monate vor der Kriegserklärung der Vereinigten Staaten. Britische Flugplätze in Afrika sollten von amerikanischen Bomberbesatzungen bemannt, also zu amerikanischen Flugzeugstützpunkten ausgebaut werden. Als Flughäfen wurden genannt Bathurst in Britisch-Gambia, Monrovia im Freistaat Liberia; Koforidua an der britischen Goldküste und Lagos in Nigeria. All diese Orte liegen in der Nähe von Dakar, auf das sich Roosevelts Augenmerk seit langer Zeit richtet. Angeblich könnte von dort aus eine deutsche Bedrohung der Westlichen Hemisphäre kommen, da Dakar „sehr nahe an Brasilien" läge, das heißt, es ist „nur" der Atlantische Ozean dazwischen! Auch der Hafen Freetown in der britischen Kolonie Sierra Leone wurde als amerikanischer Stützpunkt an der afrikanischen Westküste ausersehen, nachdem ihn die Briten in aller Eile ausgebaut hatten.

In besonderer Weise unterstützte Roosevelt die Briten in Nordafrika bei der im November 1941 beginnenden Offensive gegen italienische und deutsche Streitkräfte in der Cyrenaika und Libyen. Diese Offensive unternahmen die Briten wohl in erster Linie auf die immer dringendere Aufforderung der Russen hin, endlich zu ihrer Entlastung eine zweite Front zu schaffen. Sie schien ihnen und Roosevelt aber auch notwendig, um den ganzen Nahen Osten in Unruhe zu erhalten. Weiter hofften sie, durch einen entscheidenden Sieg in Nordafrika die Japaner zu beeindrucken und die aus dem Fernen Osten heraufziehende Gefahr wenigstens für einige Zeit zu bannen. Diese Offensive wurde in den ersten Tagen schon mit Siegesjubel gefeiert, und Churchill behauptete sogar an ihrem Vorabend, daß man in diesen Kämpfen den Achsenmächten ein Waterloo bereiten würde! Dazu ist es nicht gekommen. Schon nach zehn Tagen gewannen die italienisch-deutschen Truppen unter der genialen Führung des Generalobersten Rommel, die auch von den Engländern anerkannt werden mußte, die Oberhand.

Das von den Briten verwandte Kriegsmaterial war zum großen Teil amerikanischen Ursprungs. Ein Neuyorker Radiosprecher sagte zu Beginn der Kämpfe: „Diese Schlacht wird das erste wahre Prüffeld für das amerikanische Kriegsmaterial, Flugzeuge und Tanks, sein.“ Es erwies sich in keiner Weise als so kriegstüchtig, wie man angenommen hatte.

Den Amerikanern schien ein britischer Sieg in Nordafrika auch für ihre eigene Politik von ausschlaggebender Bedeutung. „New York Herald Tribune“ vom 20. November 1941 verkündete, daß Tunis, Französisch-Marokko und Bizerta „vor den Nazis gerettet“ wären, wenn es gelänge, die Deutschen und Italiener aus Nordafrika hinauszuwerfen. Seit die Rooseveltsche Politik ihr Verlangen auf Dakar und andere französische Besitzungen gerichtet hat und seit die Engländer mit dem Überfall auf die französische Flotte bei Oran den völligen Bruch mit Frankreich vollzogen, wird das Schreckgespenst einer deutschen Besetzung der französischen Kolonien dauernd an die Wand gemalt.

Amerikanische Zeitungen haben auch ausgeplaudert, daß die letzte Folge eines Gelingens in Libyen eine Besetzung Siziliens, also eine Invasion Italiens sein würde. Eine Sprengung der Achse ist ein alter Traum der beiden Demokratien. Daß man sich gerade von einer Besetzung Siziliens seine Erfüllung versprach, zeigt wieder, daß man weder in London noch in Washington den Geist verstanden hat, der das italienisch-deutsche Bündnis trägt. In der Londoner „Daily Mail“ schrieb am 23. Januar 1942 der Militärsachverständige Liddell Hart nach der italienisch-deutschen Gegenoffensive: „Uns ist wiederholt versichert worden, daß Rommels Panzerstreitkräfte am Rande der Erschöpfung seien, tatsächlich erwiesen sie sich aber als sehr moderne Abart des Ölkrugs der Witwe.“

Auch in Nordafrika hat die britisch-amerikanische Strategie

einen entscheidenden Rückschlag erfahren, obwohl der Kampf dort nach englischer Aussage der Endkampf um die vollständige Beherrschung des Mittelmeers sei, das einen Teil der „organischen Front Asien-Kaukasus-Afrika darstellt, die mit den militärischen Ereignissen in Sowjetrußland zusammenhängt“. Wir können heute hinzufügen, daß der Zusammenbruch dieses Kampfes auch mit den gegenwärtigen Ereignissen in Ostasien zusammengebracht werden kann, besonders wenn Australien seine Drohung wahr macht, seine Streitkräfte aus Nordafrika zurückzuziehen, da es sie selbst für die Verteidigung gegen Japan brauche. In den letzten Wochen haben die Amerikaner die Möglichkeiten, die die ganze afrikanische Westküste als Operationsbasis bieten kann, ins Auge gefaßt und dabei sich die Unterstützung nicht nur der Engländer, sondern auch der Regierung Smuts in der Südafrikanischen Union gesichert und ihre Spekulationen auf die Kreise um de Gaulle gerichtet. Die engere Anlehnung Frankreichs an Deutschland ist ihnen vor allem wegen ihrer Afrikapläne ein Dorn im Auge.

Anfang Mai 1942 besetzten die Briten die französische Insel Madagaskar. Auch dieser Raub französischen Eigentums, der in den angelsächsischen Ländern mit größter Freude begrüßt wurde, wäre ohne die Hilfe der Roosevelt-Regierung nicht erfolgt. Staatssekretär Hull hat in einer Erklärung vom 7. Mai 1942 zugegeben, daß Kriegsschiffe der USA. das Madagaskarunternehmen deckten. Gleichzeitig erklärte er nach dem Wort „nicht der Mörder, der Ermordete ist schuldig“, daß jeder militärische Widerstand des rechtmäßigen Besitzers Madagaskars, also der französischen Nationalregierung in Vichy, als gegen die Vereinigten Staaten gerichtet angesehen werden müsse. Man braucht sich auch nur, um die Auffassung von Roosevelt und Hull voll zu würdigen, der Empörung beider zu erinnern, als Japan mit Zustimmung der französischen Regierung Französisch-Indochina besetzte.

9. ROOSEVELT UND DIE SOWJETUNION

Nach Beginn des Kriegs zwischen Deutschland und Sowjetrußland wurde Roosevelt besonders aktiv. Die jetzige Freundschaft steht zu den bisherigen Beziehungen zwischen den Vereinigten Staaten und der Sowjetunion in auffallendem Gegensatz.

Während des ersten Weltkriegs waren das zaristische Rußland und die demokratischen Vereinigten Staaten gemeinsame Feinde der Mittelmächte. Nach der bolschewistischen Revolution verhängte die Entente unter Mitwirkung der Vereinigten Staaten über Rußland die Blockade. Durch eine Hilfsaktion für die russischen Kinder suchten die Vereinigten Staaten das Elend zu lindern, das zwar in erster Linie durch den Bürgerkrieg und die Revolution, in zweiter aber durch die Isolierung und Blockade heraufbeschworen war. Als England, Frankreich und Italien die Blockade auf dringende Bitten des damaligen Außenkommissars Tschitscherin aufhoben, hielten die Vereinigten Staaten an dieser Strafmaßnahme fest.

Im Interventionskrieg, den die Alliierten gegen die Bolschewisten zur Unterstützung der Weißen unter Denikin und Koltschak nach der Revolution führten, waren Truppen der Vereinigten Staaten am weitesten vorgestoßen, bis zum Baikalsee in Ostsibirien. Die Roten versuchten nach ihrem endgültigen Sieg, zu einer Verständigung mit ihren früheren Alliierten zu kommen, versprachen sogar, dafür die finanziellen Verpflichtungen des zaristischen Regimes an die Alliierten auf sich zu nehmen. Es ist nicht ganz klar, ob Wilson zu dieser Verständigung bereit war, die in einer Anerkennung der Sowjetunion ihren Ausdruck finden mußte, wie sein Sondergesandter William Christian Bullitt behauptete, der jetzt als Vertrauter Roosevelts gilt. Die Sowjets schienen es zu glauben, denn sie ernannten ihren eigenen Beauftragten in Washington, Ludwig Martens, zum Botschafter; sein Beglaubigungsschreiben wurde aber vom State Department nicht bestätigt. In den folgenden Jahren machte die Sowjetunion weitere Angebote zur Aufnahme normaler staatlicher Beziehungen, aber erst im Oktober 1933 richtete Roosevelt an Kalinin eine Einladung dazu.

Den offiziellen staatlichen Beziehungen, die die Vereinigten Staaten somit viel später aufnahmen als alle übrigen Großmächte, waren wirtschaftliche vorangegangen. Die Sowjets konnten sich bei ihren Geschäften nur auf die gelegentliche Unterstützung amerikanischer Handelskammern verlassen. Amerikanische Geschäftskreise wiederum hatten ein Interesse daran, den großen Markt der Sowjetunion nicht ganz zu vernachlässigen. Sie wollten die europäische Konkurrenz nicht den Rahm abschöpfen lassen, und die wirtschaftliche Depression in Amerika ließ sie neue Märkte suchen. Der Aufbau der Sowjetindustrie mit dem Fünfjahresplan bot ihnen die Möglichkeiten dazu. Als Roosevelt die Sowjetunion 1933 endlich einlud, über die staatlichen Beziehungen zu verhandeln, war der Grund offenbar der plötzliche Rückgang des amerikanisch-russischen Handels, der bis dahin einen großen Umfang gehabt hatte. Er war einesteils eine Folge des Antidumping-Gesetzes, in dem von den Importeuren der Nachweis verlangt wurde, daß die aus Sowjetrußland gelieferten Waren nicht von Sträflingen oder Zwangsarbeitern hergestellt wurden, zum andern Teil Folge der niedrigen Preise des russischen Holzes, die auf den amerikanischen Holzmarkt drückten. Als Gegenmaßnahme schränkten die Russen ihre Bestellungen auf amerikanische Waren ein.

Nach der Anerkennung Sowjetrußlands ging W. C. Bullitt als erster amerikanischer Botschafter nach Moskau. Auch er konnte aber freundliche Beziehungen nicht schaffen. Sie verschlechterten sich bald von neuem, weil die Amerikaner einige

Hunderte von Millionen an Forderungen privater Geldgeber sowie die 187 Millionen Dollar zurückverlangten, die sie der Kerenski-Regierung als Anleihe gegeben hatten. Die Verhandlungen scheiterten, der Handel ging weiter zurück und wurde erst durch das Wirtschaftsabkommen vom Juli 1935 belebt.

Die staatlichen Beziehungen blieben weiter kühl, und am 1. August 1940 sagte Außenminister Molotow in einer großen Rede nur den einen Satz über das Verhältnis zu den Vereinigten Staaten: „Auf unsere Beziehungen zu den Vereinigten Staaten werde ich nicht eingehen, schon deshalb nicht, weil sich darüber nichts Gutes sagen läßt." Damit meinte er die scharfe amerikanische Ablehnung des Überfalls der Sowjets auf die baltischen Staaten und vor allem auf Finnland, das sich während des russisch-finnischen Kriegs großer Sympathien in Amerika erfreute; weiter spielte er auf das „moralische Embargo" an, mit dem die Vereinigten Staaten Sowjetrußland seit 1939 bedrohten.

Alles, was mit Sowjetrußland zusammenhing, wurde in den Vereinigten Staaten scharf abgelehnt. Nur im Winter 1936/37, als Stalin eine Art „Verfassung" eingeführt hatte, hatten einige Amerikaner geglaubt, die Sowjetunion sei im Begriff, eine Wandlung zur Demokratie hin vorzunehmen. Der Irrtum wurde bald eingesehen. Kommunistische Tendenzen in der Arbeiterschaft und in Salons wurden bekämpft. Der Führer einer kleinen kommunistischen Partei wurde eingekerkert, angeblich wegen eines geringfügigen Steuervergehens, in Wahrheit wegen der Verbindung zur Sowjetunion. In religiösen Kreisen verurteilte man, was jetzt vergessen ist, die Gottlosenpropaganda und die Ermordung ungezählter Geistlicher.

Der Abschluß des deutsch-russischen Nichtangriffspaktes im Sommer 1939 wurde in den Vereinigten Staaten verschieden aufgenommen. Teils sah man darin den gemeinsamen Verrat zweier totalitärer Staaten an den Idealen der Demokratie, teils fürchtete man, daß Amerika nun aus dem russischen Geschäft verdrängt würde. Auf keinen Fall wurde Sowjetrußland dadurch in den Vereinigten Staaten beliebter.

Mit einem Schlag aber änderte sich die Stellungnahme der Vereinigten Staaten, als Deutschland am 22. Juni 1941 den Krieg an Sowjetrußland erklärte.

Ehe ich von meiner Einstellung zur Sowjetunion spreche, zunächst ein paar Worte von meiner ersten persönlichen Bekanntschaft mit dem alten Russischen Reiche. Ich bin kein Fremder in dem größten Kontinent der Erde, in dessen westlichen Grenzgebieten sich die unübersehbaren Horden zu Beginn des Sommers 1941 sammelten, um über Europa herzufallen und seine Völker mit dem Fluch zu geißeln, der das Los der russischen Intelligenz, der Ingern, Karelier, Balten, Polen und unzähliger anderer unglücklicher Völker war, wenn Deutschland durch den Krieg mit den Westmächten hinlänglich erschöpft wäre.

Am 17. August 1885 trat ich zum erstenmal durch das Erlösertor, Worota Spasitelja, durchstreifte die engen Gassen des Kremls und lauschte dem göttlichen Klang der Silberglocken Iwans des Großen. Am 10. April 1935 war ich zum letztenmal in der ruhmreichen Stadt der Großfürsten und Zaren. In dem halben Jahrhundert dazwischen bin ich oft dort gewesen und konnte nicht durch Moskau reisen, ohne immer wieder die historischen Sammlungen, das Innere der Uspensijkathedrale, den Palast der Zaren zu besichtigen, wo Iwan der Schreckliche 1581 seinen Sohn erdolchte und wo das Echo zahlloser Taten unmenschlicher Grausamkeit und bestialischer Tortur verhallte. Ich sah, wie von dem holprigen Pflaster des Kremls die Funken sprühten, als Budjennijs stattliche Kosaken auf ihren stahlbeschlagenen Rossen dahergesprengt kamen, und ich saß auf Einladung des Volkskommissars Tschitscherin unter den Zuhörern im „Großen Theater“, als Feldmarschall Budjennij von der Bühne aus eine donnernde Rede darüber hielt, welch furchtbares Verhängnis über jeden Feind hereinbrechen werde, der es wagen sollte, seinen Fuß über Sowjetrußlands Grenze zu setzen.

Auf dem Roten Platz sah Zar Peter im Schatten der bizarren, aber prachtvollen Kathedrale des Wasilij Blaschennij, wie unter den Beilen der Henker die Köpfe der aufrührerischen Strelitzen in den Sand rollten. Und auf demselben Platz hielt er, Pjotr Welikij, Peter der Große, nach der Schlacht bei Poltawa an der Spitze seiner siegreichen Armee den Einzug in seine Hauptstadt. Der Reichsrat und Feldmarschall, der Sieger von Fraustadt, Graf Carl Gustaf Rhenskiöld, ging in dem Triumphzug an der Spitze der Gefangenen.

Von Petersburg bis Wladiwostok, von Irkutsk bis Taschkent, von Jekaterinburg bis Sewastopol habe ich wohl fünfzehnmal das Russische Reich durchkreuzt. Acht Monate, 1885/86, war ich in Balakhanij bei Baku. Im Schlitten bin ich durch die ostsibirischen Wälder gefahren, sechs Jahre, bevor die Transsibirische Eisenbahn fertig war, und habe herrlich geschlafen in ärmlichen Bauernwohnungen in Sibirien, in der kirgisischen Steppe zwischen Orenburg und dem Aralsee und in Turkestan. Auf all diesen Fahrten habe ich die russischen Bauern und das ganze einfache, anspruchslose, arme russische Volk liebgewonnen, diese gastfreien, aufrichtigen, ehrlichen und gutmütigen Menschen, die nichts verlangen, als in Ruhe gelassen zu werden, um im Schweiß ihres Angesichts ihren Kohl zu bauen und ihre Äcker zu pflügen. Sie getrauen sich nicht einmal, frei zu reden, wenn man unter vier Augen mit ihnen spricht. Sie wissen, daß selbst die Wände Ohren haben. Man hat ihnen ihr Vieh und ihre Äcker geraubt, und oft genug haben sie ihre Nachbarn und Kameraden, ihre Söhne und Brüder spurlos verschwinden sehen.

Mit ihrem Henker Iwan Iwanowitsch Wissarionowitsch oder Stalin haben Churchill und Roosevelt einen Bund geschlossen, zu dem einzigen Zweck, Deutschland zu vernichten.

Als Finnland nach dem Überfall der Sowjets vom 30. November 1939 mit glänzender Tapferkeit um Leben und Freiheit seinen Winterkrieg durchfocht und drei Monate lang einer erdrückenden Übermacht standhielt, lieh das amerikanische Volk Finnland moralisch und materiell starke Unterstützung und verfolgte, wie Großbritannien, den Verlauf des ungleichen Kampfes mit Bewunderung und Begeisterung.

Im Winter 1941/42 erklärt Großbritannien auf Druck von Sowjetrußland hin Finnland den Krieg, und Amerika will Finnland zwingen, sich der Sowjetunion zu unterwerfen!

Mir drängt sich hier eine historische Erinnerung auf. Vor 700 Jahren befand sich Europa in einer Lage, die in vieler Hinsicht der heutigen glich. Schon früher waren wilde Reiterhorden wie vernichtende Stürme aus der Tiefe der asiatischen Steppen unter Mord, Brand und Plünderung hervorgebrochen. Im Jahre 451 überschwemmte Attila, der König der Hunnen, mit seinen Scharen das Weströmische Reich, zog durch Deutschland, das er zur Unterwerfung zwang, rückte mit 500 000 Reitern über den Rhein nach Gallien hinein und wurde von dem römischen Feldherrn Aetius auf den katalaunischen Gefilden vernichtend geschlagen. In den Jahren zwischen 1237 und 1241 stürmte der Enkel Dschingis-Khans, Batu Khan, mit seinen berittenen Legionen durch Rußland, von der Wolga her über Moskau nach Nowgorod den entgegengesetzten Weg, den die deutschen Heeresmassen gegenwärtig nehmen. Die mongolischen Horden zogen durch Podolien, Bessarabien, Transsylvanien (Siebenbürgen), die Walachei, die Dobrudscha, Bulgarien, Serbien, Slawonien, Ungarn und Norditalien. Eine andere Gruppe nahm den Weg durch Polen nach Breslau und Liegnitz, während eine dritte durch Litauen, Preußen und Pommern stürmte. In gleicher Weise wie Batu Khan vor 700 Jahren eine Geißel für Europa und die Christenheit war, wäre es Stalin geworden, der sich mit seinen Paladinen in den jetzt vergangenen Jahren darauf vorbereitete, unsern Weltteil vollständig zu vernichten — nur mit dem Unterschied, daß sein Ausrottungskrieg gegen die westliche Zivilisation und die Christenheit siebenmal schlimmer geworden wäre als der der Mongolen. Er hatte bereits in Finnland, im Baltikum, in Polen, in der Bukowina und in Bessarabien festen Fuß gefaßt und stellte seine Millionenheere und seine rollenden Panzerungetüme für den vernichtenden Orkan über Europa bereit, ein Unternehmen, das in seiner Entsetzlichkeit alle menschliche Phantasie übersteigt, und mit dem sich die Führer der angelsächsischen Völker ohne Bedenken verbanden.

Der einzige unter den Fürsten der damaligen Zeit, der die furchtbare Gefahr erkannte, mit der eine mongolische Invasion wie ein Gespenst Europa bedrohte, war, wie auch jetzt, das Staatsoberhaupt Deutschlands, der im Jahre 1215 in Aachen zum Deutschen Kaiser gekrönte Friedrich II. Zweimal war er von Gregor IX. in den Bann getan worden, er war Kreuzfahrer und stand auf der Höhe der Bildung seiner Zeit. Er besaß außerdem ein ungewöhnliches Maß von Intelligenz und Scharfblick und ließ sich an seinem Hofe auf Sizilien von gelehrten Männern über die Ereignisse der Zeit unterrichten. Ganz Rußland ertrank in Blut, die heilige Stadt Kiew lag in Trümmern, Polen war zerschmettert, Ungarn verwüstet. An den deutschen Reichsgrenzen erlagen Europas Grenzwächter den unübersehbaren Reiterschwärmen, die aus Asien kamen. Volk und Fürsten, Priester und Mönche flehten um Gottes Hilfe, man predigte Fasten und Kreuzzüge.

Am 3. Juli 1240 sandte Kaiser Friedrich seinem Schwager, König Heinrich III. von England, einen Brief, der ebensogut im Frühjahr 1941 hätte geschrieben werden können:

„Kaiser Friedrich möchte des englischen Königs Aufmerksamkeit auf eine Sache lenken, die das Römische Reich und alle treuen christlichen Königreiche angeht und die die gesamte Christenheit mit allgemeiner Vernichtung bedroht. Ein Barbarenvolk, Tataren genannt, breitet sich aus wie der Krebs. Es ist ein Gericht des Herrn zur Besserung und Züchtigung seines

Volkes: Vernichtung, Verwüstung reicher Länder, wobei weder Geschlecht noch Alter und Würde geschont wird, durch ein Volk, das die übrige Menschheit ausrotten, das allein herrschen will durch seine unerhörte Zahl und Macht. Die Tataren, Kinder der Hölle... brechen plötzlich hervor wie der Zorn Gottes oder der Blitz, stolze Reiche werden vollständig verwüstet und die Einwohner getötet... Die Ungarn mit ihren Priestern und Rittern wurden alle in einem Blutbade niedergemetzelt, von dessengleichen man niemals gehört hat."

Dann spricht der Kaiser von Berichten, die er von dem König von Böhmen und den Herzögen von Österreich und Bayern erhalten hat, und von den drei Kolonnen Mongolen, die durch Polen, Böhmen und Ungarn vorrücken: „Furcht und Zittern vor ihrem Rasen erfüllt und erschüttert alle; die Not gebietet, ihnen Widerstand zu leisten, da die Gefahr vor der Tür steht. Gegen die allgemeine Vernichtung und Verwüstung der ganzen Welt, im besonderen die Vernichtung der Christenheit, ist schnelle Hilfe und schneller Entsatz vonnöten."

Der Kaiser ermahnt den König von England und andere Fürsten unablässig durch Briefe und warnt: „Frieden und Eintracht muß unter den Herrschern walten, Zwietracht, die oftmals der Christenheit Unheil brachte, muß ruhen, es muß ein gemeinsames Abkommen getroffen werden, um den Barbaren Einhalt zu gebieten — denn, wer gewarnt ist vor der Gefahr, der ist auch gewappnet gegen sie —, damit der gemeinsame Feind sich nicht freue darüber, daß sich so große Uneinigkeit unter den christlichen Fürsten zeigt und ihm den Weg ebnet."

Der Kaiser beklagt sich über den Papst, der gegen seine Ehre und seinen Ruf intrigiere, anstatt die Waffen der Kirche gegen die Tataren zu gebrauchen. Er ruft in seinem Briefe aus: „Nun beschwören wir Euer Majestät herzlich im Namen der gemeinsamen Gefahr und im Namen unseres Herrn Jesus Christus, Euch selbst und Euer Reich in acht zu nehmen — wozu der Herr alles Gelingen gebe — und mit Umsicht und Voraussicht und mit allem Fleiße bald einen Entsatz von starken Rittern und andern bewaffneten Männern und Waffen bereitzustellen —, darum bitten wir Euch um des vergossenen Blutes Christi willen und um der Familienbande willen, die uns vereinigen. Und laßt sie sich vorbereiten, männlich und klug mit uns zu streiten für die Befreiung der Christenheit, damit gegen die Feinde, die sich nun anschicken, über Deutschlands Grenze vorzudringen, die gleichsam die Pforte der Christenheit ist, durch vereinte Kräfte der Sieg möge errungen werden zum Preise des Herrn der Heerscharen. Und möget Ihr nicht gleichgültig an diesen Dingen vorbeigehen oder sie aufschiebend beiseite legen. Denn wenn — was Gott verhüten möge — die Tataren ungehindert in die deutschen Lande eindringen, dann müssen andere sich hüten, daß das Unwetter nicht mit der Schnelligkeit des Blitzes vor ihrer eigenen Türe stehe. Und wir glauben, daß dies geschehen ist als Gericht des Herrn, weil die Welt mit sich selbst uneins und die Liebe vieler, die den Glauben verkünden und aufrechterhalten sollten, so lau geworden ist; und ihr gefährliches Beispiel steckt die Welt an mit Wucher und vielen andern Arten von Simonie und Geiz. Möge Euer Herrlichkeit sich daher wohl vorsehen und, während die gemeinsamen Feinde unter den Nachbarvölkern rasen, weisen Rat halten, wie dem zu widerstehen sei; denn sie sind aus ihrem Lande gekommen in der Absicht, ... sich die gesamten Westlande zu unterwerfen — was der Herr von uns abwenden möge — und den Glauben an Christum und seinen heiligen Namen zu vernichten und auszurotten.“ Durch eine Reihe von Siegen sei ihr Wahnwitz so weit gestiegen, daß sie glaubten, die ganze Welt besiegen und Könige und Fürsten zu ihren Sklaven machen zu können. Der Kaiser gibt der Hoffnung Ausdruck, daß die Barbaren, die aus ihren „Höllenwohnungen“ hervorgebrochen seien, von den vereinten Heeren der Westlande erdrückt und wieder in den Tartarus gestürzt werden möchten. Ihr eigenes blindes Geschick, ja der Satan selbst müsse dem sieghaften Adler des kaiserlichen Europas begegnen...

„Deutschland, das willig und voller Ingrimm zum Schwerte greift, Frankreich, Mutter und Hüterin der Ritterschaft, das kriegerische und kühne Spanien, das reiche England, mächtig durch seine Mannen und eine wohlausgerüstete Flotte, und jegliches stolze und ruhmvolle Land im Westen sende mit Freuden seine hervorragende Ritterschaft unter den Farben des lebenspendenden Kreuzes, das nicht nur Aufrührer, sondern Satans Heerscharen selbst fürchten."

Der Aufruf des deutschen Kaisers an den König von England verhallte ungehört. Damals wie jetzt nach 700 Jahren war England gleichgültig gegenüber dem Schicksal, das die Christen auf dem europäischen Festland erwartet hätte, wenn es den mongolischen Horden geglückt wäre, den ganzen Kontinent zu überschwemmen. Das Ziel dieser Reitermassen, die gesamten Westlande zu verwüsten und die überlebenden Christen zu Sklaven zu machen, findet sein Gegenstück in der Weltrevolution der Bolschewiken und in ihren gründlichen Vorbereitungen zum Einfall nach Deutschland und Westeuropa.

Möglicherweise sah König Heinrich III. in den Verwüstungen der Barbaren auf dem europäischen Festlande einen Vorteil für sich selbst und für sein Reich auf der gegen alle Überfälle durch den Kanal geschützten Insel. In unsern Tagen geht die englische Regierung weiter, als er gegangen ist, denn in Tat und Wort wirbt sie kaltblütig für den Sieg der Bolschewiken über Deutschland. England sowie Amerika unterstützen mit allen Mitteln diesen Kampf, dessen Sieg die Vernichtung des europäischen Festlandes und des skandinavischen Nordens bedeuten würde.

Es gibt Schilderungen aus dem Jahre 1240 über die Massenmorde, die die wilden Mongolen an Männern, Frauen und Kindern in Ungarn und in andern christlichen Ländern verübten. Man sträubt sich, solche bestialische Grausamkeit von Menschen für möglich zu halten. Wer aber in schwedischen Zeitungen die Schilderungen von Ereignissen liest, die sich nicht weit entfernt von unsern Küsten Anno Domini 1941 in den Ländern abgespielt haben, die vor einundeinhalb Jahren von Sowjetrußland besetzt wurden, der erkennt, daß die Untaten zur Zeit Kaiser Friedrichs II. weit übertroffen werden. Ein schwedischer Berichterstatter (O. B.) schrieb in „Stockholms Tidningen" am 20. Juli 1941 über die alte, vornehme Stadt Riga: „Die Altstadt von Riga existiert nicht mehr. Es gibt kein Schwarzhäupterhaus mehr, keine Petrikirche, kein Rathaus. Die Bibliothek, in der Millionen von Dokumenten aus der Geschichte des Baltikums bisher aufbewahrt wurden, ist dem Erdboden gleichgemacht. Rigas weltbekannte romantische Silhouette mit ihren spitzen Türmen über dem breiten Flußbett der Düna gehört der Vergangenheit an. Und diese Verwüstung ist kein Werk des Kriegs, sondern ein Dokument des kommunistischen Zerstörungswillens, der sich gegen alles richtet, was Kultur heißt. Zweihunderttausend Letten sind verschwunden, von Säuglingen bis zu Achtzigjährigen. Die meisten sind in die russischen Steppen und ins arktische Sibirien verschleppt worden. Keiner weiß, wohin sie gekommen sind, aber man weiß zum Beispiel, daß ein ganzer mit Letten vollgestopfter Eisenbahnzug auf dem Wege nach Osten von den deutschen Truppen gefunden wurde, in dem kein einziger von den unglücklichen Insassen am Leben war. Alle waren erschossen. Für die Vernichtung des lettischen Volkes war ein genauer sachlicher Plan ausgearbeitet worden. Es wird mehrere Jahre dauern, bis man einen Überblick darüber erhält, was ein Jahr Bolschewismus für die Letten bedeutet hat."

Aus der Instruktion zur Evakuierung, die der Berichterstatter studiert hat, geht hervor, daß die Absicht vorlag, allmählich das ganze lettische Volk systematisch aus Lettland in die unendlichen Steppen zu überführen. Die Verschickungen gingen insgeheim vor sich. Knaben im Alter von 14 bis 16 Jahren wurden mit dem Versprechen von 200 Rubeln im Monat zu gewissen Lehrlingskursen gelockt — aber sie kehrten nie von dort zurück. Arbeiterkinder wurden in Jungkommunistenlagern gesammelt, um „Vater Stalins soziales Werk“ kennenzulernen — sie kamen nie zu ihren Eltern zurück. Auf einem Güterbahnhof in Riga wurden nach der Besetzung vier plombierte Wagen voller Kinderleichen gefunden. Dies war also das „Erholungsheim der Kinder“. Der Berichterstatter war selbst zugegen, als man versuchte, die Leichname der kleinen Arbeiterkinder zu identifizieren. Er sagt, er könne es nicht über sich bringen, die Szenen, die er sah, zu schildern. Auch Erwachsene und Greise wurden verschleppt. Verkäuferinnen und Handlungsgehilfen verschwanden. Politische „Verbrecher“ wurden nachts von den Henkern der GPU. aus ihren Wohnungen geholt; man hörte nichts mehr von ihnen. Unzählige Massengräber werden nun in Riga geöffnet. Sie sind stumme Zeugen gegen den Kommunismus. Der Berichterstatter traf überall Leute, die ihre Angehörigen verloren hatten, ihre Brüder, Schwestern und Kinder. Eine Frau hatte sechs Kinder, fünf waren in ein Jungkommunistenlager gebracht worden und blieben verschwunden. So dauerte das Gemetzel ein Jahr an. Am 15. Juni 1941, als man den Krieg kommen sah, wurden alle lettischen Offiziere erschossen. Dreihundert Offizieren wurden die Hände mit Stahldraht zusammengebunden, worauf man sie vier Tage lang folterte. Dann wurden sie gruppenweise erschossen. „Viele wurden lebendig begraben.“ Am 27. Juni legte man Feuer an die alten, wertvollen Häuser. Innerhalb einiger Stunden standen Rigas schönste Kulturdenkmäler in Flammen, erschreckt flohen die Einwohner, wurden aber mit Maschinengewehren niedergemacht. Die brennende Stadt wurde dann mit Artillerie beschossen. „Die Granaten fuhren heulend über das Stadtinnere und explodierten in dem flammenden Feuerherd, der die historischen Denkmäler der westländischen Kultur vernichtete. Der 130 Meter hohe Turm der Petrikirche stürzte zusammen, und seine Splitter fielen in die alten, malerischen Straßen rings um dieses ehrwürdige Gotteshaus."

Der vornehmste Tempel der griechisch-katholischen orthodoxen Kirche Rußlands, Isakskij Sobor, die Isakskathedrale in St. Petersburg, war ehemals hinter ihren Fassadensäulen von finnischem Granit mit prachtvollen Ikonen in Gold, Silber und Emaille geschmückt, und vor dem Muttergottesbild und der Heiligenbilderwand, dem Ikonostas, leuchteten die flakkernden Flammen der Wachskerzen. Alle diese Pracht, die die Religiosität und Frömmigkeit der Russen versinnbildlichte, wurde von den Bolschewiken ausgetilgt. In dem gewaltigen Tempelraum unter der goldenen Kuppel — das erste, was man von Zar Peters Hauptstadt erblickt, wenn man ihr vom Finnischen Meerbusen her naht — sind zwischen den Säulen aus Malachit und Lapislazuli die melodischen Stimmen der Chorknaben, ihre Vespergesänge an den großen Festtagen der Russischen Kirche verstummt, und die Kathedrale wird nunmehr als Amtslokal verwandt, und zwar von den Besboschniki oder Gottlosen. Mit dieser teuflischen Gesellschaft macht nun Amerikas Christenheit gemeinsame Sache gegen das christliche Europa. Wir Schweden, die wir den Vereinigten Staaten durch die für unser Volk so unglückliche Auswanderung gegen zwei Millionen Menschen schenkten — nach dem, was Theodore Roosevelt und Henry Ford mir sagten, die Besten unter den Bürgern der Vereinigten Staaten — wir, ihre Landsleute und Verwandte in Schweden, haben recht, mit Angst und Unruhe der für die ganze westliche Kultur so gefährlichen Politik zu folgen, die in ihrer neuen Heimat betrieben wird. Wir, wenigstens die meisten von uns, fragen, ob es möglich ist, daß das Volk Amerikas es wirklich mit seiner Würde vereinen kann, gemeinsame Sache zu machen mit Verbrechern, die eine solche Schuld auf sich laden. Und in gleichem Bündnis mit der „Gesellschaft der Gottlosen" ist das Volk vereint, das in der Westminsterabtei seine Könige krönt und begräbt — darunter Heinrich III., der die Aufforderung Friedrichs II. zu gemeinsamer Abwehr der Barbaren des Ostens mit Stillschweigen überging —, in diesem ruhmreichen Pantheon, in dessen Grabgewölbe der Komponist des englischen Krönungsmarsches, der Deutsche Georg Friedrich Händel, an der Seite der größten Söhne Englands, wie Newton, Darwin, Dickens, Livingstone, und anderer Wohltäter der ganzen Menschheit ruht. Wie falsch und mißtönend klingt es nicht in unseren Ohren, wenn diese Namen im Zusammenhang mit Stalin genannt werden. Auf der einen Seite die Großen der Wissenschaft, der Staatskunst, der Dichtkunst, der christlichen Mission, auf der andern — Stalin! In einer Zusammenkunft Edens und Stalins wurde Europa bereits aufgeteilt und dem Bolschewismus überlassen.

Kurz nach Abschluß des deutsch-sowjetrussischen Paktes warnte ich in meinem in Neuyork erschienenen Buch über Tschiang-Kai-schek vor dem Volk, das das ungeheure Grenzland zwischen Asien und Europa bewohnt. Ich erinnerte daran, daß dieses Volk, das russische, „seine rechte Klaue dicht vor unsern eigentlichen Küsten auf Dagö, Windau und Libau gelegt und damit seine Macht in der Ostsee wieder verstärkt habe, während die linke nach Bessarabien und der Vorherrschaft über das Schwarze Meer greift. Zwischen diesen beiden Stützpunkten sitzt der Adler und starrt nach Westen, und die Abendröte läßt seine Augen wie Feuer erglühen."

Ich meinte damit, daß die drohende russische Macht mit ihren an der Ostsee und am Schwarzen Meer vorbereiteten Brückenköpfen nur auf eine Gelegenheit wartete, das heißt auf den Zeitpunkt, wo die deutschen Heere so stark durch die Westmächte gebunden wären, daß die Ostfront für einen Massenansturm offenstand, dem Deutschland nicht würde standhalten können.

Die Entwicklung ging nach Frankreichs Zusammenbruch einen andern Weg. Zum Heile Deutschlands, Finnlands, Schwedens und des ganzen übrigen Europas parierte Hitler den geplanten Überfall, indem er seine siegreichen Heere in den Westen des Europäischen Rußlands warf. Trotz der britischen Hilfe und obgleich die USA. durch ihre offene Teilnahme am Krieg die Kraftprobe zwischen dem Kontinent und der Westlichen Hemisphäre eröffneten, wichen die Sowjetrussen überall zurück.

Über die deutschen Erfolge in den ersten fünf Monaten berichtet der Korrespondent Fredborg im „Svenska Dagbladet" vom 22. November 1941. Zwischen 380 und 390 russische Divisionen sind vernichtet; 3792000 Gefangene wurden gemacht, 15877 Flugzeuge wurden zerstört oder genommen; 27452 Tanks und Panzerkraftwagen wurden erobert oder zerstört; über 22000 Geschütze sind vernichtet. Die Sowjets haben im ganzen zehn Millionen Mann verloren. Im Sommer 1942 waren die Zahlen noch viel höher.

Welche Rolle spielen in diesem ungeheuren Kampf die Vereinigten Staaten an der Seite Großbritanniens? Auch hier hielten sie ebensowenig ihre Versprechungen wie gegenüber andern Ländern. Ihre Hilfe reichte nicht aus und kam zu spät. Noch im Sommer 1942 hat sich Litwinow darüber beklagt.

Seit Amerika auch formell in den Krieg eingetreten ist, rüstet es in fieberhafter Eile. Im Winter 1941/42 las man in unsern Zeitungen, daß man auf amerikanischen Werften mit dem Bau von zwei Rieseneisbrechern begonnen habe, stark genug, um eine Rinne durch die Eisdecke des Weißen Meeres zu brechen; aber sie sollen nicht vor nächstem Winter fertig sein. Sie kommen also zu spät. Denn abgesehen von der Frage, ob das Weiße Meer überhaupt forciert werden könnte, dürfte das Material, das unter sonst günstigen Umständen Rußland über Archangelsk zugeführt werden kann, kaum ausreichen, um das zu ersetzen, was Rußland verloren hat.

Der Weg von Wladiwostok geht von Osten nach Rußland über Swerdlowsk und Samara an der Wolga, das jetzt

Kuibitschjew heißt, und der Murmanweg führt im Norden über Archangelsk und Wologda. Es gibt aber noch eine dritte Möglichkeit, nämlich den oder richtiger die Wege, die, aus den iranischen und turanischen Ländern kommend, sich in Kaukasien, dem Land zwischen dem Schwarzen und dem Kaspischen Meer, treffen. Die gewaltige Landmasse in Vorderasien, die hier in Frage kommt, wird zur Zeit (Sommer 1942) im Süden von den Engländern, im Norden von den Russen beherrscht. Syrien, der Irak und Iran sind mit Waffengewalt besetzt. Belutschistan ist von alters her englisch, und Afghanistan, das zwischen Britisch-Indien und Russisch-Zentralasien gelegen ist, hat sich neutral erklärt.

Mehrere der wichtigsten Straßen, die dieses gewaltige Gebiet kreuzen, habe ich in meiner Jugend kennengelernt. So zum Beispiel die klassische Straße zwischen dem Kaspischen Meer und dem Persischen Golf von Rescht über Teheran, Isfahan und Schiras nach Bender Buschir und die Straße von Bagdad über Kermanschah, Hamadan und Teheran nach Aschur Ade, jetzt Bender-i-schah genannt, an der südöstlichen Ecke des Kaspischen Meeres. Ferner die Karawanenstraße von Teheran nach Meschhed und von da nordwärts nach Askabad an der transkaspischen Eisenbahn von Krasnowodsk nach Taschkent. Alle diese Strecken habe ich zu Pferde zurückgelegt. Im Wagen fuhr ich 1905 von Trebisond über Erserum und Täbris nach Teheran. Erserum liegt auf dem Hochplateau, auf dem man im Lauf einer Stunde nach den Quellen von drei Flüssen reiten kann, die nach drei verschiedenen Meeren fließen: Der Tjorok strömt zum Schwarzen Meer, der Aras zum Kaspischen Meer und der Euphrat in den Persischen Golf. Im Jahre 1906 ritt ich auf Kamelen durch die Wüstengebiete Ostpersiens nach Seistan und von dort auf Eildromedaren durch das nördliche Belutschistan nach Quetta. Im Jahre 1916 reiste ich durch Kleinasien nach Aleppo und Djerablus, fuhr von dort auf einer Fähre den Euphrat hinunter bis nach Babylon und kehrte mit Kraftwagen und Pferden über Mossul nach Syrien, Palästina und der Sinaihalbinsel zurück. Die Gebirgskette des Kaukasus habe ich auf den drei wichtigsten Wegen überschritten. Im Osten von Derbent nach Baku, im Westen von Batum nach Noworossijsk und in der Mitte auf der Grusinischen Heerstraße zwischen Wladikawkas und Tiflis. Ich habe daher ein ganz klares Bild von den ausgedehnten Gebieten, durch die das englische und amerikanische Kriegsmaterial über Kaukasien nach Rußland geschickt werden soll.

Die Karawanenstraßen von Bagdad und Mossul nach Täbris und die Eisenbahn von dort nach Tiflis sind beschwerlicher für militärische Transporte als die transiranische Eisenbahn. Diese geht von Bender Shapur an der Mündung des Karunflusses in den Persischen Golf aus, folgt diesem Fluß bis Hamadan, Kaswin, Teheran und geht über das Elbursgebirge nach Bender-i-schah, von wo aus der Transport weiter über das Kaspische Meer nach Baku, Derbent oder Astrachan gehen kann. Nach Informationen des Herrn Fredborg in „Stockholms-Tidningen" ist diese Bahn 1384 Kilometer lang. Davon sind 84 Kilometer Tunnel und 20 Kilometer Brücken. Die Bahn verfügt über 109 Lokomotiven deutscher Fabrikation. Das übrige rollende Material ist ungenügend. Über die Erfolgsaussichten in diesem Teil des Irans schreibt der militärische Mitarbeiter von „Dagens Nyheter", Oberst K. A. Bratt, am 10. November: „Falls die Verbindungen hier nicht ausreichen oder die Verkehrsmöglichkeiten nördlich um den Kaukasus durch ein deutsches Vorrücken um das Schwarze Meer abgeschnitten werden, bleibt im Südosten als Verbindung zwischen Briten und Russen nur der Weg östlich um oder über das Kaspische Meer." Der Weg, der hier in Frage käme, geht von Karachi an der Mündung des Indus in den Indischen Ozean aus und an dem genannten Fluß aufwärts bis Shikarpur, von da weiter nach Quetta und Seistan, wo zum erstenmal umgeladen wird. Nun muß der Transport der Karawanenstraße nach Herat und Meschhed und über die Felsen von Kelat-i-Nadir nach Kaahka an der transkaspischen Eisenbahn folgen, wo zum zweitenmal umgeladen wird. In Krasnowodsk am Kaspischen Meer wird das Material in Schiffe verladen. Dieser Weg ist fast doppelt so lang wie der transiranische und für Lastkraftwagenverkehr alles andere als bequem.

Noch weiter nach Osten zu gehen und die Bahnlinie von Kaahka über Taschkent durch die kirgisische Steppe nach Orenburg zu versuchen, scheint noch hoffnungsloser. Sie ist von Taschkent aus gerechnet 2000 Kilometer lang, und ihre Leistungsfähigkeit kann nicht groß sein. Oberst Bratt hat zweifellos recht mit seinem Schlußsatz: „Die Schwierigkeiten der Verbindungen im Südosten, die sich noch weiter erhöhen können, legen die Vermutung nahe, daß der verstärkte Druck auf Finnland, das Gebiet um die Murmanbahn in Frieden zu lassen, diese Lage widerspiegelt, und geben vielleicht auch einen Wink, daß die Bedeutung der nördlichen Landgebiete für die Briten und ihre Verbündeten wieder stark im Wachsen ist."

Was die Wege durch den Iran nach dem Kaukasus angeht, so brauchen wir uns den Kopf nicht zu zerbrechen. Ein strategisches Problem von so unerhörtem Ausmaß wird nicht innerhalb einiger Monate bewältigt. Man hat von der Heranschaffung von Schienen für den Bau neuer Linien gesprochen, um dadurch die Transporte zu erhöhen. Auch über diesem Plan schwebt das verhängnisvolle: Zu spät!

Hilfe von England und Amerika ist für die Sowjetunion von lebenswichtiger Bedeutung. England kann in Europa nur noch auf die Hilfe der Sowjets rechnen. Es ist schwer zu entscheiden, welches von beiden Ländern — die große meerumschlossene Weltmacht der Westlichen Hemisphäre oder die gewaltige Kontinentalmacht der Alten Welt — mehr Grund hat, mit Laokoon auszurufen: „Timeo Danaos et dona ferentes." Für England ist es eine Lebensfrage, daß Sowjetrußland aushält. Die sowjetrussische Hilfe in Form erdgebundener Armeen ist für England von weit größerer Bedeutung als die Hilfe auf dem Meer und in der Luft, die das Inselvolk durch den Eintritt der Vereinigten Staaten in den Krieg der Kontinente haben kann. Kommt die angelsächsische Hilfe nicht zur rechten Zeit, so ist die Sowjetunion verloren. Mit Recht wird sich die russische Führung dann beklagen, daß Englands Hilfe nicht ausgereicht hat, und daß die britischen Truppen in Nordafrika nicht energisch genug deutsche und italienische Kräfte gebunden und die deutsche Heeresleitung gezwungen haben, ihre Kräfte zu zersplittern.

Sowjetrußland tut nichts umsonst. Ein in Europa geschlagenes Rußland wird sich östlich vom Ural nach zehn oder zwanzig Jahren von neuem erheben und sich, von seiner angeborenen Expansionslust getrieben, nach neuen Eroberungen umsehen. Dann kann die Gefahr wiederaufleben, die früher von zaristischer Seite Indien bedrohte, und der Bundesbruder, der jetzt eine Hilfe für England ist, kann wie früher ein gefährlicher Feind des Imperiums werden. Wieviel besser wäre es gewesen, die Engländer hätten offen die Hand des deutschen Reichskanzlers ergriffen, die am 19. Juli 1940 zum letztenmal ausgestreckt wurde, um dann die Erde zum Vorteil aller gerecht zu verteilen!

10. FINNLAND FÜR EUROPA — AMERIKA GEGEN FINNLAND

Im Bewußtsein der Verbundenheit unseres Volkes mit der Vergangenheit und im Hinblick auf Schwedens größte historische Aufgabe verfolgt jeder ehrliche Schwede Finnlands ruhmreichen Kampf um seine Freiheit und Zukunft und um eine Entscheidung, die dem ganzen Norden zugute kommen wird, mit Gefühlen des Stolzes und der Wehmut, der Bewunderung und der Dankbarkeit.

Wie aus zahlreichen vorgeschichtlichen Funden auf den Inseln im Ålandsmeer hervorgeht, herrschte schon zur Eisenzeit lebhafter Verkehr zwischen Völkern und Stämmen auf beiden Seiten des Bottnischen Meerbusens. Nach dem Jahre 800 entstanden die Wikingerkolonien südlich von Ladoga. Von dem alten Ladoga aus legten kühne und tatkräftige schwedische Häuptlinge zusammen mit tüchtigen Männern den Grund zu dem Russischen Reich, eine Pflanze von riesenhaftem Ausmaß, die unter schwedischer Führung unter slawischen und finnischen Stämmen emporwuchs. In unsern Schulbüchern wird den Kindern folgende wunderbare Erzählung eingeprägt: „Um das Jahr 850 kamen Sendboten der Slawen nach Schweden herüber und sagten zu den Schweden: ‚Unser Land ist groß und fruchtbar, aber es gibt dort keine Ordnung, kommt daher und herrscht über uns!‘ Da sammelte ein schwedischer Häuptling namens Rurik ein großes Heer und gründete in diesen Gegenden ein Reich, das Gårdarike genannt wurde, weil es dort so viele ‚Gårdar‘ (auf russisch gorod, Stadt), das heißt Städte oder Burgen gab. Hier draußen wurden die Schweden ‚Rus‘, Russen, genannt (Männer aus Roslagen = Upplands Küste nordwärts von Stockholm). Später wurden auch die unterjochten Slawen Russen und das Reich Rußland genannt."

Daß die Scharen der „Rus", auch Waräger genannt, die später in immer größeren Mengen über das Meer nach Osten zogen, zahlreich und mächtig waren, geht unter anderm daraus hervor, daß man in Schweden vierundzwanzig Runensteine gefunden hat, die zum Andenken an Helden errichtet wurden, die an „Ingvars Zug", einer der großen schwedischen Heerfahrten, teilgenommen haben. Schweden waren also die Begründer der slawischen Staatenbildungen, die sich im Laufe der Zeit zum russischen Volk und zu Rußland entwickelten. Einzelne Heerführer und Männer der Kriegerkaste führten aus eigenem Antrieb, nicht auf Befehl des Königs, diese großangelegten Unternehmungen durch.

Sie segelten an Åland vorbei, an Nylands Küste entlang die Newa hinauf bis nach Ladoga und Wolkow, gingen über die Wasserscheide und überschritten den Dnjepr. Diese kühnen Waräger zogen bis zum Kaspischen und Schwarzen Meer, bauten Schiffe und segelten nach Konstantinopel, wo sie beim Kaiser Dienst nahmen. In ihren Spuren blühte der Handel auf. Sie waren Neusiedler, Pioniere und Kolonisten, die neue Handelswege eröffneten und die Völker einander näherbrachten.

Finnland lag am nächsten und bildete den Hauptanziehungspunkt für die Schweden. Durch den Kreuzzug Eriks des Heiligen wurde Finnland um das Jahr 1150 zum Christentum bekehrt. Für die schwedische Herrschaft in Finnland wurde Nowgorod ein gefährlicher Feind. Im Jahre 1229 sandte Gregor IX. zwei Briefe nach Linköping und Schreiben nach Wisby, Lübeck und Riga mit der Mahnung, alle Verbindungen mit Rußland abzubrechen, das die kürzlich zum Christentum bekehrten Finnen nicht in Frieden ließ. Im Jahre 1232 forderte der Papst auch die Schwertritter auf, Finnland gegen die Russen zu verteidigen. 1249 unternahm Birger Jarl seinen

Kreuzzug und schenkte damit dem Lande größere Sicherheit gegen Tawasten und Karelier. Die glänzenden Taten und siegreichen Feldzüge des Marschalls Torgil Knutsson führten zum Frieden mit Nowgorod, geschlossen in Nöteborg 1323. Dadurch wurde die schwedische Herrschaft in Finnland befestigt. In Finnland wie in Rußland schufen die Schweden Ordnung. Staatsordnung, Gesetze, Steuererhebung, mit einem Wort, das Kulturleben, das in Finnland emporwuchs, war durchweg schwedisch. Da saßen schwedische Edelleute mit gewaltigen Lehen, Bo Jonsson Grip, Erik Axelson Tott und andere. In Åbo residierte Bischof Tawast (1412—1450). Im Mittelalter lag der Handel in den Händen der Hanse. Beständig wurden Kämpfe mit den Russen ausgefochten. Unter Iwan III. Wasiljewitsch wuchs die Macht Moskaus, und nach 1473 waren der friedlichen Jahre nicht viele. Finnlands eigentlicher Reformator wurde der edle Bischof Michael Agricola. Im Jahre 1581 wurde Finnland Großfürstentum unter der Krone Schwedens. Durch den Frieden von Teusina wurde Finnlands Grenze bis zum Eismeer ausgedehnt. Das Jahr 1580 ist mit dem Namen des französischen Abenteurers und tapferen Feldherrn Pontus de la Gardies verknüpft. Er eroberte Kexholm und ganz Ladogakarelien. In blutigen Kämpfen nahm er Narwa und vollbrachte zu Neujahr 1581 die kühne Tat, das schwedische Heer über den gefrorenen Finnischen Meerbusen zu führen, ein Wagstück, das kaum achtzig Jahre später in dem Zug König Karls X. Gustav über den Belt in noch größerem Maßstab seine Wiederholung fand.

Aber auf Rußlands Thron hatte bis dahin das Geschlecht Ruriks, des schwedischen Häuptlings aus Roslagen, 700 Jahre das Zepter geführt.

Im 17. und 18. Jahrhundert und im Anfang des 19. hat Schweden eine Reihe Kriege gegen Rußland geführt, bald glücklich, bald unglücklich. Unser letzter russischer Krieg, 1808/09, endete mit dem Verlust ganz Finnlands, einem

Drittel des schwedischen Reiches der Großmachtzeit. Wenn wir und die Finnen von Rußland und dem Verhältnis zu Rußland sprechen, wissen wir daher besser Bescheid als die Herren Roosevelt, Hull und Sumner Welles. Sie mögen Meister in der Beurteilung der Angelegenheiten der westlichen Halbkugel sein, aber Europa und Rußland stehen sie ebenso fremd gegenüber wie alle andern Amerikaner.

Seit dem 22. Juni 1941 marschieren deutsche Truppen und rollen die schweren Panzer und Geschütze des deutschen Heeres täglich über die alten Grabstätten unzähliger schwedischer Soldaten. In diesen Gegenden haben die Schweden Jahrhunderte hindurch gegen die Russen im Feld gestanden, und in russischen Wäldern und auf russischen Steppen lebt noch die Erinnerung an große schwedische Könige, vor allem an Gustav Adolf und Karl XII. Ohne Zweifel haben die deutschen Verbände, als sie Poltawa auf ihrem Vormarsch von Kiew nach Charkow besetzten, mit militärischen Ehren den „Schwedischen Stein" gegrüßt, der am 28. Juni 1909, dem 200. Jahrestag, zum Andenken an die 6000 Karoliner errichtet wurde, die auf dem Schlachtfeld nördlich der Stadt in russischer Erde schlafen. Unter den tapferen Gefallenen waren auch unzählige Finnen, die seit fast tausend Jahren stets an unsern Waffengängen teilnahmen und gleich uns mit Wehmut unseres letzten gemeinsamen Kriegs auf finnischem Boden gedenken — „unsrer Siege, unsrer Sorgen und unsres Ruhmes goldene Zeit".

Fünf Staaten zählen auf Grund ihrer geschichtlichen Zusammengehörigkeit und ihrer geographischen Lage zu der nordeuropäischen, skandinavischen oder, wenn man so will, fennoskandinavischen Staatengruppe. Diese Länder haben während des zweiten Weltkriegs verschiedene Schicksale gehabt. Am weitesten im Westen ist Island von Großbritannien und den Vereinigten Staaten besetzt. In Norwegen und in Dänemark sind die deutschen Truppen einmarschiert. Schweden bewahrt nach drei Jahren Krieg noch seine unverbrüchliche Neutralität.

Am weitesten im Osten kämpft Finnland um sein Leben und seine Freiheit.

Jedes dieser fünf Völker kann auf den goldenen Tafeln seiner Geschichte in der Vergangenheit große Taten verzeichnen. Island ist das jüngste. Die Insel wurde 860 von den Norwegern entdeckt. Von ihrer Küste aus entdeckte Erik der Rote im Jahre 985 Grönland, das in jüngster Zeit von den Vereinigten Staaten besetzt wurde. Sein Sohn Leif Eriksson entdeckte im Jahre 1000 Nordamerika. Dänemark eroberte einst die Insel, die England heißt und von deren Küste die Kriegserklärung zu dem zweiten Weltbrand ausging. Als die norwegischen Ansiedler auf Island 500 Jahre vor Kolumbus Amerika entdeckten und als schwedische Waräger das Russische Reich gründeten, vollbrachten diese abgehärteten Nordländer Taten, die man wohl zu den größten in der Geschichte der Menschheit rechnen darf — auch wenn es im Schein der lodernden Fackeln und der brennenden Städte und Dörfer scheinen kann, als ob es besser für die Menschheit gewesen wäre, wenn Amerika nie entdeckt und das Russische Reich nie gegründet worden wären.

Wir Schweden, die wir im Schutz der Neutralität ein scheinbar tatenloses Dasein führen, während die unüberwindlichen deutschen Armeen die großartigen Feldzugspläne verwirklichen, für deren Durchführung Karls XII. kleines Heer zu schwach und erschöpft war — wir können uns rühmen, wenigstens zwei Großtaten von weltgeschichtlichem Ausmaß vollbracht zu haben. Vielleicht liegt es an der aristokratischen, ruhigen und vornehmen Art des schwedischen Volkes, daß es sich nicht rühmt und damit brüstet, der Menschheit zwei unsterbliche Dienste erwiesen zu haben. Der zweite bestand darin, daß Gustav Adolf unter schwedischen und deutschen Fahnen den Ausgang des Dreißigjährigen Kriegs besiegelte. Ein Geschichtsforscher sagt, die Weltgeschichte habe nicht viele Siege von weittragenderer Bedeutung aufzuweisen wie die Schlacht bei Breitenfeld. Das erstemal erwiesen wir zum mindesten Europa einen Dienst, für den uns die Völker des Erdteils, namentlich in diesen Tagen, dankbar sein sollten. Sein Beginn liegt fünfhundert Jahre vor der Zeit Gustav Adolfs, aber er wirkte auch damals noch fort. Die Tat, auf die ich abziele, bestand darin, daß schwedische Unternehmungslust und Tatkraft im Nordosten und Osten die Grenzen zwischen Abendland und Morgenland, zwischen Kultur und Barbarei weit über die Grenzmarken zwischen Europa und Asien hinausschoben. Damit eroberten sie der Zivilisation ein gewaltiges Gebiet, dessen Gaue sonst ihr asiatisches Gepräge bewahrt haben würden und über dessen Wälder sibirische Winde dahingebraust wären. Hierüber äußert sich ein finnländischer Historiker, Eirik Hornborg, wie folgt:

„... die Kreuzzugszeit brachte einen dauernden Gewinn, der als einer von den zwei vornehmsten Einsätzen des schwedischen Volkes in der Weltgeschichte bezeichnet werden kann. Die Grenze des Abendlandes wurde so weit nach Osten vorgeschoben, daß sie die karelischen Wälder durchschnitt.

„Der langwierige Kampf, der sich daraus ergab, war in seinen Folgen weit mehr als ein Streit um Macht und Einfluß. Denn die finnischen Stämme und Stammfragmente, die dem schwedischen Reich einverleibt wurden, bekamen Teil an einer Rechts- und Staatsordnung, die sie auf ein unvergleichlich höheres soziales Niveau hob, als es ihre Stammverwandten unter russischer Herrschaft erreichen konnten. Schwedens durch den Kreuzzug östlich des Meeres gewonnene Besitzungen — früher unter der Bezeichnung Oesterlande zusammengefaßt, später nach der bedeutendsten Landschaft Finnland genannt — wurden nicht ein Neben- oder Vasallenland, sondern ein untrennbarer Teil des Reiches mit genau den gleichen Rechten und Pflichten wie die alten Landschaften im eigentlichen Schweden. Die Ideen des Rechtsstaates und der Volksfreiheit wurden in dem jüngeren östlichen Reichsteil ebenso selbstverständlich angewendet und faßten dort ebenso fest Wurzel wie in dem alten Hauptland. Dieser Umstand war es, der dem Kampf des Kreuzzuges gegen Nowgorod seine ideale, kulturhistorische Bedeutung gab, die gewiß der Mehrzahl der Mitspielenden nur dunkel vorgeschwebt haben mag, die aber darum nicht minder wirklich ist."

Nach unserm eigenen Land steht Finnland dem Herzen des schwedischen Volkes am nächsten. Darum habe ich dem Abschnitt in diesem Buch, das hauptsächlich von Nordamerika handelt, einen so breiten Raum gewidmet. In den beiden letzten Jahren hat die Haltung der Vereinigten Staaten gegenüber Finnland in auffälliger Weise zwischen Anteilnahme und Hilfsbereitschaft auf der einen Seite und Antipathie und Androhungen von Zwangsmaßnahmen in Gegenwart und Zukunft auf der andern Seite geschwankt. Im Winter 1939/40, als die Sowjets Finnland überfielen, behandelten die Amerikaner die Finnen auf die freundschaftlichste und rücksichtsvollste Weise. Damals begriff ganz Amerika, was es für die abendländische Kultur bedeutet hätte, wenn der kleine am weitesten nach Nordosten vorgeschobene Vorposten Europas von den asiatischen Horden überschwemmt worden wäre. Die Finnen, die sich nicht beizeiten nach Schweden hinübergerettet hätten, wären erschossen oder in Viehwagen nach Sibirien gebracht worden. Und der nächste Schritt der Russen wäre der gewesen, daß sie durch Schweden und Norwegen bis an das Atlantische Meer vorgedrungen wären, um das zu vollenden, was die russischen Geschichtslehrbücher Zar Peters „Sowjetnaja misl" geheime Gedanken nannten: das Bestreben des Zaren, an dauernd offenen Meeren eisfreie Häfen zu erobern.

Nachdem aber am 22. Juni 1941 der deutsch-sowjetische Krieg ausgebrochen war, wurde Finnland, weil es auf deutscher Seite kämpfte, der Feind der Vereinigten Staaten. Für die USA. galt es ebenso wie für England vor allem, Sowjetrußland in seinem Krieg gegen Deutschland zu helfen.

Der Außenkommissar Molotow hatte bei seinem Besuch in Berlin im November 1940 vier Forderungen vorgebracht: Neue

Landerwerbungen von Rumänien, Finnland und Bulgarien, außerdem freie Durchfahrt durch den Bosporus und die Dardanellen sowie gewisse Stützpunkte an den europäischen und asiatischen Ufern der Meerengen. Über die Forderung gegenüber Finnland heißt es in der Proklamation des Führers vom 22. Juni 1941:

„Zweite Frage Molotows: Rußland fühle sich erneut von Finnland bedroht. Rußland sei entschlossen, dies nicht zu dulden. Sei Deutschland bereit, Finnland keinerlei Beistand zu geben und vor allem die nach Kirkenes zur Ablösung durchmarschierenden Truppen sofort zurückzuziehen? Meine Antwort: Deutschland habe nach wie vor in Finnland keine politischen Interessen. Ein neuer Krieg Rußlands gegen das kleine finnische Volk aber könne von der deutschen Reichsregierung als nicht mehr tragbar angesehen werden, um so mehr, als wir an eine Bedrohung Rußlands durch Finnland niemals glauben könnten. Wir wollten aber überhaupt nicht, daß in der Ostsee nochmals ein Kriegsgebiet entstehe."

Aus dieser Wechselrede geht hervor, daß einerseits Rußland die Absicht hatte, durch die Eroberung von ganz Finnland einschließlich der vier Dampferfahrtstunden von Stockholm entfernten Ålandsinseln die alte russische Grenze so wiederherzustellen, wie sie vor dem ersten Weltkrieg war, und daß anderseits Finnland die Verhütung eines namenlosen Unheils oder der völligen Austilgung des finnischen Staats und Volks ausschließlich der Festigkeit Adolf Hitlers verdankt. Schweden dankt es ihm, daß wir in diesem Augenblick die russische Macht nicht ganz dicht an unsern Grenzen und Küsten haben. Wäre es dahin gekommen, so wäre Schweden der nächste Schritt des russischen Vordringens zum Atlantischen Meer geworden, und es wäre für uns unvermeidlich gewesen, wie schon so oft in unserer Geschichte, mit dem Erbfeind um das Leben zu kämpfen.

Man muß es tief bedauern, daß die Führung der Vereinigten Staaten den verhängnisvollen Schritt getan hat, sich dem geschworenen Erbfeind Finnlands und Schwedens anzuschließen und dadurch, wenn auch mittelbar — auf Kosten Finnlands und Skandinaviens —, den russischen Ansprüchen auf eisfreie Häfen Vorschub zu leisten. Wir wissen, daß Amerika an einer Vertilgung der nordischen Staaten vom Erdboden kein Interesse hat. Für die Völker des Nordens würde eine deutsche Niederlage nicht nur Einbußen an Land und Freiheit bedeuten, sondern eine völlige Vertilgung vom Erdboden, indem die Intelligenz nach wohlbekannter russischer Methode erschossen würde und die breiten Schichten des Volks teils zu Sklaven gemacht, teils nach Sibirien „evakuiert" werden würden.

Durch schwedische und finnische Zeitungen und vermutlich durch die Presse der meisten christlichen Länder ging im Sommer 1941 eine Nachricht, die überall Befremden und Bedauern hervorrief. Der Primas der anglikanischen Kirche, der Erzbischof von Canterbury, äußerte in seiner Stiftszeitung unter anderm folgendes: „Wir müssen dem russischen Volk und den tapferen russischen Heeren in ihrem Kampf vollen Erfolg wünschen und bereit sein, ihnen jede nur mögliche Hilfe zu gewähren. Es mag verwunderlich erscheinen, wie sich ein Bündnis mit dem bolschewistischen Rußland mit unserm Anspruch vereinigen läßt, für die christliche Kultur zu kämpfen, doch braucht man in dieser Hinsicht tatsächlich keine Besorgnis zu hegen. Es geht ja in diesem Kampfe darum, daß die Bedrohung, die das deutsche Regime bildet, niedergerungen wird. Ein Sieg der Nazis würde jede erträgliche Regierungsform unmöglich machen, und die Russen kämpfen ebenso wie wir für ihre Freiheit und ihre nationale Unabhängigkeit."

Daß England ein Bündnis mit der Sowjetunion eingeht, läßt sich insofern entschuldigen, als die politische Lage es dazu zwang. Es ist aber nicht zu verstehen, wenn der oberste Führer der englischen Kirche zu diesem Schritt seinen Segen gibt!

Im Namen der Christenheit der nordischen Länder hat der finnische Erzbischof Erkki Kaila in Åbo den ungeheuerlichen Erlaß seines Amtsbruders beantwortet. Er erinnert den englischen Erzbischof an sein Gebet für Finnland in der St.-Pauls-Kirche am 1. Februar und an seine Klage über das tragische Schicksal der russischen Kirche unter den bolschewistischen Gottesleugnern. Jetzt spreche Canterbury in diesem schrecklichen Aufruf eine ganz andere Sprache. Erzbischof Kaila schließt seine Strafpredigt mit der Frage: „Ist die christliche Kirche Englands wirklich so tief gesunken, daß sie das Evangelium und Christentum dermaßen verleugnet?"

Am 5. Januar 1942 veröffentlichte Pastor Hjalmar Poehls in der Zeitung „Dagsposten" in Stockholm einen offenen Brief an den Erzbischof von Canterbury, in dem es heißt:

„Hunderttausende von Menschen, die für ihr Leben fürchteten, Zehntausende, die durch die Bolschewisten ihrer Angehörigen beraubt wurden, mußten mit Erschütterung hören, was der Rundfunk zu verkünden hatte. Der Inhaber des höchsten geistlichen Amtes der anglikanischen Staatskirche betete für den Sieg des Bolschewismus! Die Menschen konnten es nicht begreifen: Der Erzbischof von Canterbury betet für unsere Henker!

„Der — wie ich weiß — Ihnen persönlich bekannte Senior der evangelischen Bischöfe Estlands, H. B. Rabanaegi, wurde im März 1941 mit seiner ganzen Familie verhaftet und einem unbekannten Schicksal entgegen in das Innere der Sowjetunion verschleppt. Der Bischof Varik Joehvi und der Propst Vooremaa wurden im Gefängnis der GPU. in Dorpat ermordet. Sie wurden gemartert und dann getötet, ihre entstellten Körper wiesen keine Spur von Schußwunden auf. ... Über das Schicksal der verschleppten Männer weiß man nichts, dabei handelt es sich wenigstens um tausend Menschen von einer Bevölkerung in Höhe von 1,1 Million, vorzugsweise Männer der gebildeten Schichten. Von den tausend bekanntesten Persönlichkeiten Estlands — Professoren, Politiker, Pfarrer, höhere Beamte, Unternehmer usw. — ist es kaum fünfzig gelungen, dem bolschewistischen Terror zu entgehen.

„Herr Erzbischof! Ohne, wie ich und meine Mitbrüder, persönlich zu erleben, was Bolschewismus ist, bezeichneten wir ihn früher mit vollem Recht als eine gottlose Tyrannei. Es ist Ihnen bekannt, daß der Bolschewismus der Feind aller Religion und des Idealismus in jeder Form ist, daß er sich zum Ziel gesetzt hat, die Menschheit ihrer Seele zu berauben, und daß es ihm bereits zu einem großen Teil gelungen ist, dieses Ziel auf einem Siebentel der Erdoberfläche zu verwirklichen. ... Für diesen Bolschewismus und seinen Sieg haben Sie Ihr Gebet an den Allmächtigen gerichtet."

Finnlands tapferes Heer trug nach besten Kräften dazu bei, die Hoffnung der Sowjetunion auf einen Sieg zu vernichten. Es sperrte im Verein mit Deutschland einen der drei Einfuhrwege, auf denen Waffen und Kriegsmaterial zur Unterstützung der Sowjetarmee gesandt werden können. Daher sucht man Finnland einzuschüchtern, damit es mit seinem alten Feind Frieden schließt und seine Truppen auf die Grenzen des Moskaufriedens zurückzieht. Business as usual — konnte man nicht eine Milliarde Dollar verdienen, wenn man dem Bolschewismus die Waffen lieferte, die zu Deutschlands und Finnlands Verwüstung nötig waren? Präsident Rytis Antwort war in ihrer ruhigen Würde die einzige, die man einer Großmacht geben konnte, der Finnlands zukünftiges Schicksal vollkommen gleichgültig war.

Ob Schweden in dem gegenwärtigen Krieg auf die Seite Finnlands treten oder streng neutral bleiben soll, ist eine Frage, die außerhalb des Rahmens dieses Buches liegt. Persönlich habe ich immer dieselbe Auffassung wie 1918 gehegt, die ich in meinem Buch „Schwedens Schicksal" ausführlich behandelt und verfochten habe. Sie ist eng mit der geschichtlichen Aufgabe Schwedens verknüpft, die auf der Erfahrung von Jahrhunderten beruht. Nichts wird umsonst erworben. In Tatenlosigkeit werden keine Reiche erbaut und keine Staaten gesichert. Dennoch hoffe ich, daß Schwedens unberührte Stellung uns und unsern Nachbarn Vorteil bringen wird, wenn der zweite Weltkrieg einmal zu Ende ist.

Wie alle andern Länder und Reiche der Erde hat auch Schweden in seiner Geschichte wechselvolle Zeiten erlebt. Bald Ruhe und friedliche Entwicklung, bald Krieg und Kampf, bald Aufstieg zu Macht und weltgeschichtlicher Bedeutung, bald Niedergang in Zeiten der Erschlaffung und Tatenlosigkeit. Aber wie unser Schicksal sich auch gestaltet hat, so geht doch durch die Vergangenheit des schwedischen Volkes ein nie gebrochenes, unbestechliches Verlangen nach vollkommener Freiheit. Die Freiheit, die wir immerdar als teuerstes Erbe unserer Väter bewahren, hat uralte Wurzeln in der schwedischen Erde; sie reichen in Zeiten zurück, die weit vor der sagenhaften Schlacht um Bravalla und den grimmen Abenteuern der Wikingerzüge liegen. Es ist nicht verwunderlich, daß das Freiheitsgefühl vielleicht in höherem Grade als anderswo in dem Land Heimatsrecht erworben hat, das Europas ältestes Königreich ist, das einzige Reich in unserm Weltteil, das nie von fremden Heeren erobert worden ist. Unser Volk hat sich den anspruchsvollsten kriegerischen Handlungen gewachsen gezeigt, und die viertausend in offener Feldschlacht eroberten Fahnen in unsern Museen sind ein Zeugnis, mit dem keine Großmacht auch nur annähernd wetteifern kann.

In den beiden letzten Jahren ist häufig in öffentlichen Reden ausgesprochen worden, das Ziel in dem Wettkampf der verschiedenen Großmächte sei die Schaffung einer langen, gesicherten Friedenszeit. Auch in der Kunst, den Frieden zu bewahren, steht Schweden voran. Die Ziele, denen andere Völker im blutigen Rock nachstreben, haben wir lange hinter uns gelassen, denn 128 Jahre ist es uns gelungen, den Frieden zu bewahren, den alle Völker erstreben.

Unser Volk hat also in Krieg und Frieden unvergängliche Lorbeeren errungen und kann in vieler Hinsicht andern Völkern ein Vorbild sein. Im Laufe der Zeiten und unter wechselnden Schicksalen hat unser Volk Charaktereigenschaften entwickelt und eine Eigenart erworben, deren wesentliche Züge Treue, Ehrlichkeit, Ritterlichkeit, Mut und Stolz bilden. Gegen jede Kränkung dieser Eigenart sind die Schweden außerordentlich empfindlich. Ihre Unruhe ist voreilig. Nicht einmal die stärkste Macht in Europa denkt daran, uns eine Weltanschauung aufzuzwingen, die nicht unsere eigene ist und nicht mit der Eigenart unseres Volkes übereinstimmt. Und ebensowenig wie wir haben die Angelsachsen etwas von der deutschen Weltanschauung zu befürchten, deren Ausrottung, wie sie sagen, ihr vornehmstes, wenn auch in Nebel und Schatten gehülltes Kriegsziel ist.

Der oben angeführte finnländische Verfasser sagt von dem schwedischen Reich, dessen mutmaßliches erstes Hervortreten er in das 7. Jahrhundert verlegt: „Man kann geltend machen, daß seine Entstehung die Gründungsperiode in Europas Geschichte einleitete, als das Staatensystem, das im großen gesehen trotz mancher Veränderung mehr als tausend Jahre herrschend geblieben ist, zuerst Form anzunehmen begann."

Wenn Europas führende Männer nach Kriegsschluß an das gigantische Werk des Wiederaufbaues und der Neuordnung Europas herangehen, ist es von Bedeutung, sich daran zu erinnern, daß es in unserm hohen Norden ein Land gibt, das voranging, als es vor bald anderthalb Jahrtausenden galt, die damals herrschenden, ungeordneten Verhältnisse und die undisziplinierten Stämme zu beginnenden Staatssystemen umzuformen. Und um ein Jahrtausend in der Zeit vorwärtszugehen: Niemand spielte in dem späteren Verlaufe des Dreißigjährigen Kriegs eine bedeutungsvollere Rolle als Gustav II. Adolf und sein Reichskanzler Oxenstierna.

Es darf nicht als Vermessenheit gelten, groß von seinem Vaterlande zu denken. Ich für mein Teil hege die heiße Hoffnung, daß beim Wiederaufbau Europas eine große, verantwortungsvolle Aufgabe dem alten, bewährten Reich anvertraut werden wird.

11. AMERIKANISCHER IMPERIALISMUS UND AMERIKANISCH-ENGLISCHE KRIEGSZIELE

Im August 1941 trafen sich Churchill und Roosevelt auf dem Atlantik, um ihre gemeinsamen Kriegsziele zu beraten. Sie legten sie in acht Punkten nieder, die an die Vierzehn Punkte Wilsons erinnern, die auch verführerisch klangen und später so bitter enttäuschten.

Der erste der acht Punkte hieß: „Weder Großbritannien noch die Vereinigten Staaten streben nach Vergrößerung ihres Gebietes." Die Rooseveltsche Stützpunktpolitik widerspricht bereits dem Inhalt dieses Punktes.

Punkt 2 heißt: „Beide Länder wünschen keine territorialen Veränderungen, die nicht mit den frei ausgesprochenen Forderungen der Völker selber in Einklang stehen." Was aus Wilsons Selbstbestimmungsrecht der Völker geworden ist, wissen wir. Wie die Verfasser des zweiten Punktes der Atlantikerklärung selbst mit ihm umgingen, erfuhren wir, als wenige Wochen nach ihr England den westlichen Iran mit seinen Ölquellen und den Landstreifen besetzte, der die nordwestliche Küste des Persischen Golfs von dem Ölgebiet Baku trennt. Seit den Tagen Tjernjajeffs, Kauffmanns, Skobeleffs und Komaroffs — Namen, die das stetige Vorrücken der russischen Macht durch turanische und iranische Länder auf dem Weg nach Indien bezeichnen — hatte England einen panischen Schrecken vor Rußlands Verlangen nach dem südlichen Zugang zum Weltmeer, dem Indischen Ozean. Jetzt hat man dieses gefürchtete Rußland zur Zusammenarbeit im Iran eingeladen! Begeistert haben die Russen zugestimmt. Ob wohl Schah Riza Pelewi und sein Volk befragt worden sind, inwieweit die „territoriale Veränderung", die dem Lande mit Waffengewalt aufgezwungen wurde, im Einklang mit den Wünschen und Forderungen des Volkes steht?

Der kürzlich abgeschlossene Dreimächtevertrag England-Rußland-Iran ist nur beschönigende Maske. Tatsächlich sind Übermacht und Gewalt über den Willen des iranischen Volkes hinweggegangen.

Auch europäische Länder verfallen der gleichen Mißachtung ihrer Rechte. Ende Januar 1942 erklärte die „Washington Post" ohne Rücksicht auf die Atlantikerklärung über Island: in der zukünftigen Weltkonstruktion, wie sie den USA. und England vorschwebt, wird die Souveränität der kleinen Staaten unmöglich sein. Der Londoner „Daily Express" vom 28. Januar 1942 berichtet, daß Roosevelt, als man ihm Mitteilung vom Protest des irischen Präsidenten de Valera gegen die Landung amerikanischer Truppen in Ulster, der britischen Provinz Nordirlands, machte, nur ein Wort dafür hatte: „Wirklich?!"

Im dritten Punkt versichern Roosevelt und Churchill, daß sie unter allen Umständen das Recht aller Völker achten würden, sich ihre eigene Regierungsform zu wählen. Seit zwei Jahren hat man in England und später auch in den Vereinigten Staaten als das wichtigste Kriegsziel hingestellt, Hitler zu vernichten und den Nationalsozialismus auszurotten. Es scheint, daß beide Staatsmänner das vergessen haben, als sie auf dem Atlantik übereinkamen, das Recht aller Völker zu schützen, ihre Regierungsform selbst zu bestimmen. Und wie verhält es sich mit den Franzosen, die in Französisch-Somaliland als Arbeiter, Ingenieure, Ansiedler und Kaufleute gelebt haben? Sie hatten bereits im August 1941, zur Zeit der Atlantikerklärung, eine Hungersnot, die die Sterblichkeit, namentlich an Skorbut, auf das Zwölffache des gewöhnlichen Satzes erhöhte. Kein französisches Schiff mit Lebens- oder Heilmitteln hat in den von den Engländern blockierten Hafen von Dschibuti einlaufen können. Es liegt aber ein englisches Lazarettschiff dort mit all den Mitteln, die Kranke und

Hungrige retten könnten, und andere Schiffe mit Proviant. In dem Augenblick, in dem die unglücklichen Franzosen ihre Loyalität gegen Marschall Pétain und Vichy aufgeben und sich General de Gaulle anschließen, steht alles, das vor ihren Augen liegt und dessen sie so dringend bedürfen, den Eingeschlossenen zur Verfügung. Auch der Krieg rechtfertigt eine solche Maßnahme, die weit über die Belagerung einer Stadt hinausgeht, nicht. Am wenigsten darf sie von denen angewandt werden, die angeblich das Recht aller Völker schützen, ihre Regierungsform selbst zu bestimmen.

Im vierten Punkt versprechen Roosevelt und Churchill, sich zu bemühen, unter Wahrnehmung ihrer eigenen Verpflichtungen allen Völkern, großen und kleinen, Siegern und Besiegten, unter gleichen Bedingungen Zugang zum Welthandel und zu den Rohstoffen der Erde zu verschaffen, die zu ihrem wirtschaftlichen Gedeihen notwendig sind. Es ist schwer, Mächten zu vertrauen, die 1919 Deutschland seiner blühenden Kolonien beraubt haben. Der freie Zugang zum Welthandel und zu den Rohstoffquellen wurde von den Angelsachsen gesperrt. Unterdessen haben ganze Völker gehungert, und Arbeitslosigkeit mit allen traurigen Folgen herrschte auf beiden Seiten des Atlantik.

Der fünfte Punkt enthält den Wunsch nach wirtschaftlicher Zusammenarbeit unter den Völkern und die Verheißung besserer Arbeitsbedingungen, allgemeinen Fortschritts und sozialer Sicherheit. Zu diesem Punkt wurden die Staatsmänner nicht durch das eigene soziale Gewissen getrieben, sondern weil eine neue Sozialordnung von englischen Kreisen gefordert wird, die über den Krieg hinaus an den kommenden Frieden denken.

Der sechste Punkt klingt schön wie ein Wiegenlied der Sirenen: „Nach endgültiger Vernichtung der Nazityrannei hoffen wir einen Frieden aufrichten zu können, der allen Völkern die Möglichkeit gibt, in Sicherheit innerhalb ihrer eigenen Grenzen zu wohnen, der ihnen die Gewißheit schenkt, daß sie ihr Leben frei von Furcht und Mangel leben können."

Wie sahen die Grenzen aus, die 1919 in Mitteleuropa ohne Rücksicht auf nationale und völkische Zusammengehörigkeit gezogen wurden? Sie gaben keine Sicherheit und kein Leben frei von Furcht und Mangel; sie führten zu Haß und Feindseligkeiten und brachten über Unzählige Not und Elend. Und das Deutschland von 1918, das man so schmählich betrog, war kein „Nazi"-Deutschland.

Nach dem ersten Weltkrieg ist eine der Hauptforderungen Wilsons die nach der Freiheit der Meere gewesen, der sich die Briten widersetzten. In seinem Buch über den Weltkrieg hat Churchill Lloyd George für seine Standhaftigkeit in dieser Frage gedankt. Die Worte „Freiheit der Meere" fehlen auch in dem Vertrag von Versailles. Und jetzt taucht im siebenten Punkt unter Churchills Mitredaktion die „Freiheit der Meere" wieder aus den atlantischen Wogen auf! Und dies zu der Zeit, da der Präsident die britische Flotte als die erste Verteidigungslinie der Vereinigten Staaten bezeichnet und England die Blockade in Form einer totalen Handelssperre, die nicht nur die Kriegführenden, sondern auch die Neutralen trifft, zur Erpressung seiner politischen Ziele mißbraucht.

Der frühere amerikanische Präsident Hoover, der sich vor seinem Amtsantritt durch die Kinderspeisungen in Europa nach dem ersten Weltkrieg Verdienste erwarb, hat immer wieder versucht, im jetzigen Kriege amerikanische Lebensmittel nach Europa zu bringen, ist aber an der britischen Starrheit gescheitert. Nur nach Polen sind solche im ersten Kriegsjahr gelangt, und es liegt eine Reihe von amerikanischen Zeugnissen dafür vor, daß die deutschen Besatzungsbehörden, zivile und militärische, die amerikanischen Verteilungsstellen nicht nur nicht hemmten, sondern ihnen ihre Aufgabe erleichterten. Die amerikanischen Zeugnisse weisen ausdrücklich nach, daß alle gespendeten Lebensmittel nur an die gelangten, für die sie bestimmt waren. Trotzdem haben die Engländer behauptet, daß für die Zivilbevölkerung in Europa gespendete Lebensmittel den Deutschen die Kriegführung erleichtern würden, denn die Deutschen seien dann in der Lage, auf europäischem Boden erzeugte Lebensmittel nach Deutschland zu verbringen. Zum letzten Male schlug Hoover im Radio Neuyork am 21. Oktober 1941 den Amerikanern vor, den besetzten Gebieten in Europa zu helfen. Die Sendung von Lebensmitteln für vierzig Millionen hungernder Frauen und Kinder könne keinen bestimmenden Einfluß auf die militärischen Entscheidungen haben, da Deutschland nicht ausgehungert werden könne. Dies sei auch die Ansicht der militärischen Sachverständigen. Die Mehrheit im Repräsentantenhaus, 37 Senatoren und dazu mehr als 600 Vereine in den USA. haben sich zugunsten dieser Hilfe ausgesprochen. Hoover schlug Verschiffung nach dem neutralen Schweden und Verteilung der Lebensmittel unter Aufsicht der schwedischen Regierung vor.

Am 21. Februar 1942 hat der amerikanische Exbotschafter Hugh Gibson in der „Saturday Evening Post" einen Artikel erscheinen lassen, in dem er eine Änderung der Nahrungsmittelblockade befürwortet. Gibson hat Hoover bei früheren Kinderspeisungen unterstützt, kennt die Frage daher genau, schiebt die Schuld England zu, spricht aber die Vereinigten Staaten von der Verantwortung nicht frei. Er unterstreicht, daß die Deutschen die von ihnen übernommene Verpflichtung, für die Kriegsgefangenen in Deutschland gesandte Lebensmittel an diese zu liefern, loyal erfüllen. Es sei ein Mangel an Logik, wenn man trotzdem nicht fremden Freunden, das heißt also der Zivilbevölkerung europäischer Länder, Lebensmittel zukommen ließe. Gibson fragt richtig: „Helfen wir dadurch nicht unbewußt unsern Feinden bei der Errichtung eines neuen Europas, das sich infolge unserer Haltung gegen uns in Mißtrauen, Verbitterung und Abneigung einigt?"

Die Schuld an der Aushungerung der Länder, die vor dem Kriege infolge ihres Wirtschaftssystems und der nicht genügenden eigenen Versorgung auf Lebensmitteleinfuhren von Übersee angewiesen waren, trifft somit in erster Linie Großbritannien, in zweiter aber Roosevelt. Er hätte anders als Hoover, der nur als Privatmann sprach, die Engländer zwingen können, ihre Bestimmungen zum Besten Notleidender zu ändern, wenn es ihm Ernst mit seinem Wunsch wäre, die Menschheit aus der Furcht vor der Not zu retten. So kam es dazu, daß die europäischen Emigrantenregierungen in London sowie ihre Vertreter in Washington und Neuyork ein gutes Leben führten, während die Völker, für deren Zukunft sie angeblich wirkten und für die sie „das Martyrium des Exils" auf sich genommen haben wollten, in bitterste Not gerieten, wenn sie nicht durch die deutschen Militär- und Besatzungsbehörden versorgt würden.

Im Februar 1942 stellte der Staatssekretär im britischen Ministerium für den Wirtschaftskrieg erneut die Behauptung auf, Deutschland trage die Verantwortung für die mangelhafte Ernährungslage Griechenlands. Die Deutschen seien so weit gegangen, von den Italienern nach Griechenland geschickte Lebensmittel für sich zu beschlagnahmen. In Wirklichkeit hat die heutige Nahrungsmittelknappheit in Griechenland Ursachen, für die nicht Deutschland und Italien, sondern allein Großbritannien die Schuld trifft:

Die Lebensmittellage Griechenlands wurde zuerst durch die britische Besetzung gefährdet. Die dorthin verbrachten 65000 Mann britische und Empiretruppen wurden größtenteils aus den Vorräten des Landes ernährt, da Großbritannien schon damals nicht genügend Schiffsraum besaß, um die Ernährung dieser Truppen durch überseeische Zufuhren sicherzustellen. Als die Engländer in Griechenland und Kreta geschlagen wurden und das Land fluchtartig verließen, vernichteten sie nach dem schon in Frankreich und Belgien angewandten Grundsatz der „Scorched Earth"-Politik* alle Vorräte.

* Das ist die Politik, vor der Räumung alles zu verbrennen, was dem Gegner nützen kann.

Für die Räumung Griechenlands hielten sich die Engländer an der griechischen Handelsflotte schadlos. Die nicht ohnehin unter britischer Charter fahrenden griechischen Handelsschiffe wurden von der britischen Regierung beschlagnahmt. Damit wurde das griechische Volk nicht nur allen Transportraumes für Lebensmittel von außerhalb beraubt, sondern außerdem noch um seine wichtigste Einnahmequelle gebracht. Für ihre Flucht aus Griechenland und Kreta requirierten die Engländer die gesamten Fahrzeuge der griechischen Küstenschiffahrt, der Fischereiflotten bis zum Kutter und Ruderboot. Dadurch wurde die Versorgung der Bevölkerung mit Fischen, die in der griechischen Ernährung eine große Rolle spielen, unmöglich.

Alle Versuche von Auslandsgriechen, ihrer bedrängten Heimat durch Lebensmittelsendungen zu helfen, wurden von der britischen Regierung, vor allem vom Ministerium für Wirtschaftskrieg, verhindert. Griechenland wurde in seiner Gesamtheit zum Blockadegebiet erklärt. So konnte beispielsweise in Alexandrien lagernder, für Griechenland gekaufter und bereits bezahlter australischer Weizen nicht dorthin gebracht werden, obwohl Auslandsgriechen die Bereitstellung von Schiffsraum übernommen hatten.

Die britische Regierung hat, nachdem diese Tatsachen bekanntwurden, und offenbar auch unter dem Druck der griechischen Exilregierung in London, schließlich der Beförderung von Liebesgaben durch den roten Halbmond, das türkische Rote Kreuz, zugestimmt. Ein für diese Zwecke gecharterter türkischer Dampfer strandete jedoch unter rätselhaften Umständen, noch bevor er seine Ladung nach Griechenland gebracht hatte. Weitere Bemühungen des türkischen Halbmondes wurden durch den im englischen Solde stehenden früheren griechischen Botschafter in Ankara, Raphael, systematisch sabotiert. Auf seinen Befehl verweigerte beispielsweise der griechische Generalkonsul in Istanbul die Freigabe dort liegenden griechischen Schiffsraums für türkische Liebesgabensendungen nach Griechenland.

Dies sind die wahren Umstände der griechischen Nöte. Tatsache ist, daß die Ernährungslage in Griechenland noch weit schlechter wäre, wenn nicht Deutschland und Italien dem griechischen Volk aus ihren eigenen Beständen immer wieder aufgeholfen hätten. Von griechischer Seite ist dies mehrfach anerkannt worden. Die Behauptung der Engländer, daß die Truppen der Achse in Libyen aus Griechenland verproviantiert wurden, erledigte sich schon deswegen, weil die Engländer immer wieder betonen, daß sie wenigstens das östliche Mittelmeer vollkommen beherrschen. Der Hunger ist kein Mittel der Deutschen, sondern das klassische Mittel der britischen Politik und ihrer Kriegführung.

Der letzte Punkt des atlantischen Friedensprogramms heißt: Die „angreiferischen" Mächte, Deutschland, Italien und Japan, sollen bis auf die letzte Pistole entwaffnet und einer Art Polizeikontrolle der „friedliebenden" Mächte unterworfen werden. Diese behalten weiter das Recht, zu Lande, zu Wasser und in der Luft gerüstet zu bleiben, um sofort losschlagen zu können, wenn eine der drei andern die geringste Angriffsabsicht zeigt. Ein Weltfrieden, der auf der Grundlage von zwei Lagern aufgebaut ist, eins aus vollständig entwaffneten Mächten, das andere aus Staaten, die bis an die Zähne bewaffnet sind, wäre kein Frieden. Er wäre ein latenter Kriegszustand, der eine Lage dauernder Spannung schafft. Auf der einen Seite Furcht und Anmaßung, auf der andern eine gedemütigte, mit Gewalt unterdrückte Kraft, die lebt und wächst in Sehnsucht nach dem Tag, da die Stunde der Gerechtigkeit schlägt.

Weder in England noch in Amerika hat die Rückkehr der beiden Staatslenker irgendwelche Gefühle der Dankbarkeit oder Begeisterung hervorgerufen. In England hatte man gehofft, daß Churchill das Versprechen der USA. mitbringen werde, in den Krieg einzutreten. Aber der Premierminister kam mit leeren Händen zurück.

Wie gut entsinne ich mich noch des lauen Aprilabends 1923 in Washington, als ich mit meiner Wirtin, der liebenswürdigen Gattin des schwedischen Gesandten, einen Spaziergang machte. Wir kamen am Weißen Haus vorbei. Da drinnen plante der Präsident, Warren Gamaliel Harding, seine bevorstehende Reise nach Alaska. Sein Leben sollte nur noch vier Monate dauern, und nach seinem Tod wurden Geheimnisse entdeckt, die dunkle Schatten auf seine Amtszeit werfen sollten.

Wir setzten unsern Weg nach dem dunklen Hause fort, in dem der Expräsident Woodrow Wilson wohnte. Keine Menschen, keine Wachtposten waren zu sehen. Aus den Fenstern drang kein Licht. Nur ein einziger Raum war schwach erleuchtet. „Das ist Wilsons Krankenzimmer", sagte meine Begleiterin. Darinnen wartete der Mann auf den Tod. Nur vier Jahre vorher hatte er das Wohl und Wehe der ganzen Welt in seiner Hand gehalten; in der Stunde, da er die Welt retten und einem neuen Krieg vorbeugen konnte, hatte er sich seiner Berufung nicht gewachsen gezeigt. Der matte Lichtschein, der auf die Straße fiel, machte einen beklemmenden Eindruck. Kein Raum in der Welt war die Stätte tieferer Tragik als dieser, wo Wilson saß, vergrämt und gebrochen, körperlich und geistig krank, wo er den Stimmen der Zeit lauschte, fern von dem Lauf der Ereignisse, die auf Wegen weiterliefen, die zu sperren er nicht vermocht hatte.

Und wieder hatte ein Präsident der Vereinigten Staaten sein Land verlassen, um sich mit einem seiner Verbündeten zu beraten. Auch ihm bot sich eine einzige Gelegenheit, eine Welt zu erretten, die infolge der Unzulänglichkeit Wilsons auf Abwege geraten war. Aber er ist weiter gegangen als sein Vorgänger. Wilson hatte die Forderung einer allgemeinen Abrüstung erhoben. Roosevelt und Churchill haben von vornherein als Friedensziel aufgestellt, daß nur die Mächte abzurüsten haben, die sie bestimmen.

Als sich Churchill und Roosevelt das nächste Mal trafen, waren die Würfel gefallen, die Vereinigten Staaten im Kriege, und Churchill kam diesmal auf amerikanisches Gebiet, um den endlich ganz gewonnenen Bundesgenossen zu größerer Kraftanstrengung und zur Eile anzuspornen.

Was immer als Kriegsziele der Alliierten 1914 bis 1918 angegeben wurde, ließ sich auf die kurze Formel bringen: Vernichtung Deutschlands. Die Note der französischen Regierung an Staatssekretär Lansing vom 28. November 1918 sprach das brutal aus, denn man brauchte um eine Beschönigung nicht mehr besorgt zu sein, nachdem Deutschland und seine Verbündeten die Waffen niedergelegt hatten: „Deutschland Friedenspräliminarien diskussionslos aufzuerlegen, um das Auseinanderfallen der Länder zu fördern, aus denen es besteht." Ein weiteres Kriegsziel war der Sturz der deutschen Regierungsform.

Die gleiche Forderung wurde unmittelbar nach der englischen Kriegserklärung an Deutschland im Jahre 1939 als Kriegsziel aufgestellt und auch nach der Erklärung des Führers aufrechterhalten, die nach Beendigung des Feldzuges in Polen ein Friedensangebot an die Westmächte enthielt. Nur drei über die Insel hinaus bekannte Männer haben den Mut zu widersprechen. Lloyd George ist mit der Ablehnung des deutschen Schritts durch die britische Regierung unzufrieden und befürwortet eine Konferenz unter Hinzuziehung der Vereinigten Staaten. Adolf Hitler habe schon einige Diskussionspunkte angeführt, so die Abrüstung, die Kolonien, den polnischen Staat. England habe die Freiheit, andere Diskussionspunkte vorzuschlagen. Nichts wäre mit einer solchen Konferenz verloren, aber vieles könne gewonnen werden. Der irische Dichter Bernard Shaw erklärt das sogenannte englische Kriegsziel der Aufteilung Deutschlands für Unsinn und fügt hinzu, daß, falls England siegen sollte, dies ein neues Versailles bedeuten würde, aber ein schlimmeres, und außerdem einen neuen Krieg in zwanzig Jahren. Der englische Schriftsteller und Historiker Arthur Bryant, beratendes Mitglied der British Council, erklärte, es sei grundfalsch, kategorisch zu sagen, daß man Krieg führe, um ein anderes Regierungssystem in Deutschland herzustellen. Einige Monate später nimmt der englische Militärschriftsteller Hauptmann B. H. Liddell Hart das gleiche Thema auf und schreibt im Februar 1940: „Den Deutschen weiter nichts zu sagen, als daß der Krieg weitergehen wird, bis die Nazis vernichtet sind, wäre bestimmt wirkungslos. Wir müssen in Großbritannien eine neue Ordnung schaffen, die zur Übernahme durch das Ausland geeignet und der Naziordnung in Art und Anziehungskraft überlegen ist."

Ein Jahr später, im April 1941, kommt die Monatsschrift „Nineteenth Century" auf einen über die Versailler Pläne hinausgehenden Vorschlag: „Die Verpflichtung, die polnische Unabhängigkeit wiederherzustellen, muß eingehalten werden, obwohl daraus nicht folgt, daß die künftigen Grenzen Polens mit seinen Grenzen bis zum Ausbruch des Kriegs übereinstimmen müssen. Doch die Unabhängigkeit allein wird nicht genügen. Polen muß so stark werden, daß es seine Unabhängigkeit verteidigen kann. Dies kann es nur, wenn es Ostpreußen und Danzig besitzt, so daß es über eine ausreichende Meeresküste und Flotten- und Luftstützpunkte verfügt, von denen aus es mit unmittelbarer Wirkung Schläge gegen Deutschland führen kann. Es muß auch Oberschlesien erhalten, damit es eine ausreichende Kriegsindustrie besitzt und eine solide industrielle Grundlage schaffen kann für die geplante politische und wirtschaftliche Vereinigung mit der Tschecho-Slowakei, von der jetzt die Rede ist. Es hat seine Eignung zur Seekriegführung bewiesen (!) und muß in die Lage versetzt werden, die Ostsee zu beherrschen. Ein dauernder Friede wird Großbritannien in der unanfechtbaren

Beherrschung der Nordsee belassen und wird ihm einen dauernden ungehinderten Zugang zur Ostsee verschaffen. ... Dies muß um jeden Preis erreicht werden, um der Menschheit einen dritten Weltkrieg zu ersparen."

Ausschlaggebend für die Haltung der englischen Regierung war das, was der damalige Premierminister Neville Chamberlain erneut verkündete: „Was einer Friedensregelung im Wege steht, ist die deutsche Regierung."

Diese negative Behauptung genügte der englischen Bevölkerung nicht, und das große Fragen um die Ziele, für die der Krieg weitergeführt wurde, begann von neuem. Der damalige Außenminister und jetzige Botschafter in Washington, Lord Halifax, versuchte sie in einer Rundfunkrede am 7. November 1939 zu geben, in der er sagte, die neue Welt, die England zu verwirklichen suche, werde die Zusammenarbeit aller Völker auf der Grundlage der Gleichheit, Selbstachtung und Verträglichkeit der Menschheit mit sich bringen. England werde Mittel finden müssen, um notwendige Revisionen in einer fortwährend sich ändernden Welt zu vereinen mit der Sicherung gegen Störungen des allgemeinen Friedens durch Anwendung von Gewalt. Hätte England diese Ziele schon vor 1939 verwirklicht, so wäre es nie zu diesem Kriege gekommen.

Wenige Tage nach der Halifax-Rede ging die englische Antwortnote auf die Vermittlungsvorschläge König Leopolds von Belgien und der Königin Wilhelmina von Holland ab, und ihr folgte als Erläuterung für die englische Bevölkerung eine Rundfunkrede Winston Churchills. Die offizielle Antwort war gewunden und bestand aus allgemeinen Formeln. In der Rundfunkrede aber hieß es kurz und hart: „Dieser Krieg ist ein englischer Krieg, und sein Ziel ist die Vernichtung Deutschlands." Die „Daily Mail" unterstrich sie mit den Worten: „Die Erörterung der Kriegsziele ist sinnlos; das einzige, was wir zu tun haben, ist, Deutschland zu vernichten."

Es wäre gut, wenn die, die die ganze Schuld am Kriege

auf Deutschland schieben, sich erinnern würden, daß deutsche Redner und Staatsmänner niemals Englands Vernichtung als Kriegsziel oder Wunsch aufgestellt haben, sondern daß der Führer selbst betont hat, der Untergang des Britischen Imperiums wäre ein Unglück für die ganze Menschheit.

Nach dem Fall Norwegens, Hollands und Belgiens verstärkte sich die Forderung nach Erfüllung der Kriegsziele. Nach dem Fall Frankreichs aber blieb es um sie stumm, denn England hatte genügend mit der Verteidigung der Insel und der Mobilmachung der amerikanischen Hilfe zu tun.

Im stillen aber bereitete sich außerhalb der Regierungskreise die wachsende Einsicht vor, daß auch England aus dem neuen Kriege nicht im status quo ante hervorgehen dürfte. Mancher begann an den alten Einrichtungen zu rütteln. H. G. Wells stellt in „The New World Order“ eine Reihe von allgemeinen Menschenrechten auf, die in die zukünftigen Friedensverträge aufgenommen werden sollen, und schließt ihre Aufzählung mit der Frage: „Und wenn wir, die tugendhaften Demokratien, nicht für diese gewöhnlichen Menschenrechte kämpfen — wofür, im Namen der Nobility und Gentry, der Krone, der Hochkirche, der City, der Times und des Army-und-Navy-Clubs, wofür kämpfen wir gewöhnlichen britischen Sterblichen denn eigentlich?“

Die „Hochkirche“ und die Freikirchen beginnen auch, sich mit den Kriegszielen zu beschäftigen. Erfreulicherweise befassen sie sich nicht mit der sonst oft verkündeten Neuordnung beim Feind, sondern mit der der eigenen Einrichtungen. Sie verdammen das Profitsystem, verlangen eine neue Gesellschaftsordnung, in der die Bodenschätze und die andern großen Hilfsquellen der Nation nicht mehr im Privatbesitz einiger weniger sein dürfen, fordern stärkere Beteiligung der breiten Volksmassen am öffentlichen Leben, in Parlament, Gemeinderäten, Gewerkschaften und andern Einrichtungen für die öffentliche Wohlfahrt. Ganz deutlich wurden diese Ziele bei der von britischen und auch einigen amerikanischen Geistlichen und Laien beschickten Malvern-Konferenz, deren Ergebnisse man nicht vergessen sollte, wenn einmal der ersehnte Tag kommt, an dem die Waffen schweigen.

Schriftsteller, Wissenschaftler, Erzieher, alle mit auch im Ausland klangvollen Namen, bilden Komitees, die die Neuordnung Englands und ihre Auswirkungen auf die übrige Welt studieren und verkünden. So heißt es in einem Aufruf: „Heute ist der einzig mögliche Kurs, das alte System über Bord zu werfen. Wir müssen das Ideal des ‚wirtschaftlichen Menschen' durch das des ‚sozialen Menschen', das einer ‚individualistischen Wettbewerbsgesellschaft' durch das einer ‚organisierten und geeinten Gemeinschaft' ersetzen. Wir müssen uns den Staat als ein positives Werkzeug des Dienstes auf allen jenen Gebieten denken, wo die Einzelleitung nicht ausreicht oder zum Chaos führt."

Bei der wichtigen Frage der Erörterung der Kriegsziele ist es interessant, daß aus Großbritannien Stimmen laut werden, die viel weniger imperialistisch klingen als die aus den Vereinigten Staaten. Neben dem oft und immer wiederholten englischen Schlachtruf „Vernichtet Hitler und Deutschland" gibt es auch Stimmen, die deutlich aussprechen, daß am Ende dieses Kriegs ein neues England erstehen muß, das den Kleinen und Armen Lebensrechte gibt, die sie bisher nicht besessen haben. „Die Männer, die arbeitenden Frauen, die Jungen und Mädchen, die so große Opfer bringen, haben ein Recht, die Regierung zu fragen: ‚Welches ist eure Politik für die Zukunft unseres Landes, und was garantiert ihr uns zum Ausgleich für unsere Leiden?' Es ist die Pflicht der Regierung zu antworten: ‚Wir garantieren euch bestimmte Lebensbedingungen, die ihr früher nicht gekannt habt.' ... Es wird die Moral der Leute heben, wenn sie wissen, daß sie für Dinge kämpfen, die ihnen wirklich etwas bedeuten und die sie in die Begeisterung versetzen, mit der sie im Krieg Erfolge erzielen." Dies sagte das schottische Mitglied des Unterhauses, J. J. Davidson. „The New Statesman and Nation", eine der ältesten und einflußreichsten britischen Zeitschriften, faßte die Frage wie folgt zusammen: „Es gibt einen Teil der öffentlichen Meinung, den die Kriegsziele sehr nahe angehen — die Massen in London und den andern Städten, die Bitteres zu erdulden haben ohne die bestimmte Aussicht, daß das Ende des Kriegs zugleich das Ende des Systems bedeuten wird, welches sie zu Slums, Armut und Krieg verurteilt hat. Das dringendste Kriegsziel sind soziale Änderungen zu Hause während des Kriegs. Wir bezweifeln die Möglichkeit einer rein militärischen Eroberung. Die Hoffnung in diesem Krieg — die einzige Hoffnung von unserm Gesichtspunkt aus — liegt in der Unzufriedenheit und letzten Endes Revolte der unterdrückten Völker in aller Welt. Wenn das eintreten und sich günstig für uns auswirken soll — je eher wir klarstellen, daß wir diese Revolte anführen, um so eher wird unsere Aufgabe möglich."

Eine andere liberale englische Wochenschrift, „Time and Tide", nimmt den Ruf der älteren Schwester auf, indem sie sagt: „Wenn die Grundsteine der neuen Welt, die wir bauen wollen, jetzt nicht richtig gelegt werden, ist es nur zu wahrscheinlich, daß sie überhaupt nicht gelegt werden."

Vergleicht man diese Stimmen mit Äußerungen Churchills, so erkennt man, daß im englischen Volk eine weit tiefere, vernünftigere und menschlichere Auffassung der Weltlage vorhanden ist und ein klarerer Blick für die sozialen Erfordernisse der Zukunft, als der Mann sie zeigt, der seinem Volk nur Blut, Schweiß und Tränen versprochen hat.

In den Vereinigten Staaten war die Diskussion über die amerikanischen Kriegsziele bereits in vollem Gange, als der Krieg selbst noch von 80 bis 90 Prozent der Bevölkerung abgelehnt wurde. Daß das amerikanische Kriegsziel, obwohl man es nicht eingestehen will, so stark imperialistisch bestimmt ist, überrascht außerhalb der Vereinigten Staaten nicht. Mein Landsmann Rudolf Kjellén hat in der zweiten Auflage seines Buches „Die Großmächte und die Weltkrise“ bereits 1921 geschrieben: „Im Herzen und in Wirklichkeit erkennt die große Union heute keine Grenze mehr an für ihre ‚responsibility‘ — wie das Schlagwort für den Imperialismus hier lautet —, was für enthaltsame Worte ihre Staatsmänner auch auf den Lippen tragen mögen. In der Tat ist der Gegensatz zwischen den Worten und den Taten in Amerika stärker als irgendwo. Nirgends hört man tönendere Versicherungen der Liebe für den Frieden und für die Freiheit anderer, nirgends eine solche Selbstverleugnung, daß man nicht ist wie die ‚Zöllner‘ jenseits des Meeres mit ihrer verlogenen Diplomatie und ihrem Militarismus. Aber wenn wir die Einzelzüge dieses großen Reiches zu einem einheitlichen Bild zusammenfassen, so können wir kaum einen andern Unterschied zwischen der Großmacht der Neuen Welt und den Großmächten der Alten machen als den der Entwicklungsstufe. Mit Hawaii, Portoriko, Guam, Philippinen, Tutuila als Jollen hinter seinem großen Schiff und mit Kuba, Panama, San Domingo, Nikaragua hinter sich im Fahrwasser zeigte sich die Union vor dem Weltkrieg in gleicher Gestalt wie England, obgleich dessen Jollen so unvergleichlich viel zahlreicher und teils so ungeheuer viel größer sind. Wir stehen hier also trotz aller entgegengesetzter Erklärungen vor einer ganz reinen Offenbarung des Großmachtwillens, der jedem echten Großmachtleben zugrunde liegt. Das Schicksal der Völker wird nämlich mit noch geringerem Bewußtsein gestaltet als das der einzelnen Menschen. Gleichsam mit abgewandten oder verbundenen Augen hat nun auch Amerikas große Union den Weg des Imperialismus eingeschlagen. Damit dürfte auch die Monroedoktrin, die immer noch als Fahne über der auswärtigen Politik flattert, in ihrem wirklichen Wert für die Volksauffassung erscheinen. Sie ist ein Spiegel, in dem ein Volk von 100 Millionen seine eigene Größe und seine weltgeschichtlichen Aufgaben erblickt. Nicht die Doktrin schafft den Machtzuwachs, sondern das Wachstum bildet die Doktrin um. So konnte eine Formel für Amerikas Einzelstellung sich in einen Deckmantel für seine überseeische Machtentfaltung verwandeln. Aber im gleichen Maße, wie das Licht klarer auf den Weg fällt, wird das Volk auch willig, die praktischen Folgen solcher Lehre auf sich zu nehmen — seien es selbst Militarismus und Antidemokratie." Kjellén erfaßte sehr gut die Grundhaltung der beiden englischsprechenden Länder seit dem ersten Weltkrieg.

Der Präsident der Vereinigten Staaten hat bei Beginn seiner dritten Amtszeit am 6. Januar 1941 die amerikanischen Wünsche für die Gestaltung des Friedens in den berühmt gewordenen „Vier Freiheiten" aufgestellt: Freiheit der Rede, der Religion, vor der Furcht und vor dem Mangel. Immerhin gibt es andere einflußreiche Vertreter der öffentlichen Meinung in Amerika, deren Realismus durch Erfahrung größer ist als der Glaube an diese schönen Versprechungen. So schrieb die „Saturday Evening Post" am 22. März 1941: „Die Welt, die zu retten wir nun auf uns nehmen, ist eine, die wir uns eingebildet haben."

Sonst aber enthalten die amerikanischen Wünsche viel Unbekümmertheit, Selbstgefühl und das, was Amerikaner selbst „Rette-die-Welt-Komplex" nennen — eben Imperialismus. Nehmen wir nur Henry R. Luce heraus, den Herausgeber der großen Zeitschriften „Life", „Time", „Fortune", der in seinem viel kommentierten Aufsatz „Das amerikanische Jahrhundert" sagt: „Selbst wenn Britannien von Zeit zu Zeit Kriegsziele verkünden sollte, steht es den Amerikanern frei, für diese Ziele wirksam einzutreten oder nicht. Anderseits, wenn Amerika Kriegsziele verkünden würde, würde Großbritannien sie fast mit Sicherheit annehmen, und die gesamte Welt einschließlich Adolf Hitlers würde sie als den Schlachtruf dieses Kampfes aufgreifen." Luce fährt fort: „1919 bot sich uns eine goldene Gelegenheit, wie sie in der Weltgeschichte noch nie da war, die Führerschaft der Welt zu übernehmen. ... Wir haben das nicht begriffen, Wilson hat es falsch angefangen. Jedenfalls haben wir sie nicht genutzt. Doch die Gelegenheit blieb erhalten. In den zwanziger Jahren haben wir sie verpfuscht, und in der Wirrnis der dreißiger Jahre haben wir sie umgebracht. ... Mit unserer aller Hilfe muß unter Roosevelt das gelingen, was Wilson fehlschlug. ... Es liegt bei Amerika, zu bestimmen, ob das System des ‚freien Spiels der Kräfte' — eine Wirtschaftsordnung, die mit Freiheit und Fortschritt vereinbar ist — in diesem Jahrhundert herrschen soll oder nicht. Die Vision: Amerika Hauptgarant der Freiheit der Meere, die Vision: Amerika kraftvoller Führer des Welthandels, trägt die Möglichkeit solch enormen menschlichen Fortschritts in sich, daß einem schwindelt. ... Jeder einzelne von uns ist im weitesten Umfang seiner Vision aufgerufen, das erste amerikanische Jahrhundert zu schaffen."

Wer amerikanische Zeitungen und Zeitschriften regelmäßig liest, weiß, daß von dieser „Vision" eines „Amerikanischen Jahrhunderts" und der Rolle des amerikanischen Präsidenten als „Präsident der Welt" auch andere als Henry R. Luce besessen sind. Noch vor einigen Jahren glaubte niemand in den Staaten, daß einmal die Zeit kommen könnte, in der die Möglichkeit einer Verlagerung der Welthegemonie von britischen auf amerikanische Schultern eintreten würde. Ein Gefühl der Auflehnung gegen die Weltherrschaft Englands lag noch in den vor nicht langer Zeit geschriebenen Worten eines amerikanischen Zeitungsveteranen, William Hard: „Wir sollten Heizer und Maschinisten im Kesselraum des britischen Staatsschiffs sein, während alle Deckoffiziere und Steuerleute Briten waren, dazu ein britischer Kapitän, der das Schiff nach einem rein britischen Bestimmungsort führte." Der Übergang der Hegemonie von der Östlichen auf die Westliche Hemisphäre begann mit dem Austausch von fünfzig alten Zerstörern der amerikanischen Marine gegen wertvolle britische Besitzungen in der westlichen Halbkugel, die die britische Flotte nicht mehr schützen zu können meinte. Von diesem Schritt an, dem viele ähnliche folgten, die in aller Erinnerung sind, begannen sich gewisse Wortführer der Vereinigten Staaten als Wegbereiter des amerikanischen Jahrhunderts zu fühlen. Mit dem Krieg in Europa und den Gründen, die zu ihm führten, hat dieses überimperialistische Kriegsziel nicht mehr viel zu tun.

Es wäre verlockend, an dieser Stelle mehr über das erste Ziel der amerikanischen Imperialisten zu sagen, deren Wortführer der Präsident selbst ist. Dieses Ziel heißt: Erbe des Britischen Empires oder mit nüchternen Worten: die Aufrichtung der amerikanischen Weltherrschaft. Eine große Gruppe hat sich für die Vorbereitung dieses Ziels um Clarence Streit geschart, den Verfasser der Bücher „Union Now“ und „Union Now With Britain“. Der vorhin zitierte Publizist Henry R. Luce, seine Frau, Clare Boothe, und Dorothy Thompson gehören zu den Wegbereitern dieser amerikanischen Weltherrschaft, die in Großbritannien begreiflicherweise wenig Anhänger hat. Miß Thompson hat die imperialistischen Ziele der Vereinigten Staaten in einer solchen Union auf die kurze Formel gebracht: „Wir wollen uns nicht dem Britischen Empire anschließen, Großbritannien muß sich uns anschließen.“

Der Lauf der Geschichte wird zeigen, was aus den selbstbewußten und imperialistischen Kriegszielen der Vereinigten Staaten werden wird. Vielleicht werden sie später nur in den Verlustlisten zu finden sein, in denen schon jetzt, wenige Monate seit Präsident Roosevelt den Krieg führt, den er heraufbeschwor, so viele Namen einst stolzer amerikanischer Schiffe, Flugzeuggeschwader, Tanks und Tanker, Rohstoffquellen, Banken und Handelshäuser stehen, von den Namen amerikanischer Söhne, die in einen überseeischen Krieg geschickt werden, ganz zu schweigen.

Auch der Einfluß auf Südamerika kennzeichnet den Imperialismus der Vereinigten Staaten und seines Präsidenten. Schon früher erwähnte ich den Druck, den die Nordamerikaner auf die Staaten der südlichen Hälfte des Kontinents in Panama City und Havana ausübten. Das war nur ein Vorspiel zu der Konferenz in Rio de Janeiro im Januar 1942. Ihr Verlauf erinnert an das Telegramm, das Präsident Wilson nach dem Kriegseintritt Amerikas im Frühling 1917 an die neutralen Staaten sandte, um sie zu veranlassen, ihre Beziehungen zu den Mittelmächten abzubrechen. Die mannhafte Absage auf dieses Ansinnen durch die Neutralen, darunter vornehmlich Schweden, ist bekannt. Roosevelt hat genau das gleiche nicht durch ein Telegramm, sondern durch seinen Beauftragten Sumner Welles getan. Die südamerikanischen Staaten sind mit wenigen Ausnahmen dem in Rio ausgeübten Druck wie schon vorher der amerikanischen Hetzpropaganda gegen die Achsenmächte erlegen. Eines Tages werden sie erkennen, daß sie aus Angst vor angeblichen Gefahren in die sehr reale der völligen Abhängigkeit von den nordamerikanischen Nachbarn gerieten. Dann wird es ihnen ein schwacher Trost sein, daß Präsident Roosevelt am 15. April 1942 den Vertretern der Panamerikanischen Union in Washington versicherte, sie würden nach Beendigung des Kriegs, „wenn die Achse geschlagen ist", ein entscheidendes Wort bei der Gestaltung des Friedens mitzureden haben.

12. DAS AMERIKANISCHE VOLK IN DER ZWÖLFTEN STUNDE

Die Zeitschrift „The New Yorker" brachte im November 1941 einen etwas bitteren Witz zum Zeitgeschehen: „Die Regierung hat soeben ein Merkbuch verbreitet, das Aufschluß darüber geben soll, wie die zunächst vorgesehenen 56 Milliarden Dollar für die Aufrüstung verwendet werden. Zum mindesten kann uns niemand nachsagen, daß wir in den Krieg auf Freibillett hineinkommen."

Nein, das kann niemand sagen. Die Vereinigten Staaten haben unendliche Summen in den Krieg und seine Vorbereitung gesteckt. Im Februar 1942 wurde die Zahl von 143 Milliarden Dollar bekanntgegeben. Die amerikanische Presse hat ausgerechnet, daß diese Summe nur um eine Milliarde Dollar geringer sei als das gesamte amerikanische Nationaleinkommen der Jahre 1939 und 1940 zusammengenommen. Inzwischen wurden neue Beträge bewilligt, und die Zahlen sind zu hoch, als daß sie, besonders in Ländern mit bescheidenen Staatshaushalten, noch in ihrer Bedeutung verstanden werden können. Es ist wie bei den Sternen, deren Entfernung in Lichtjahren nur noch den Astronomen interessiert, dem gewöhnlichen Erdenbürger aber nichts bedeutet.

Die Höhe der Rüstungsausgaben aber bedeutet dem gewöhnlichen amerikanischen Bürger doch etwas, denn er muß sie aus seinem Einkommen in Form von Steuern oder durch eine wesentliche Einschränkung seines Lebenszuschnitts infolge der erhöhten Preise bezahlen.

Der Staatssekretär des Schatzamts, Henry Morgenthau jr., gab in seiner Pressekonferenz vom 30. Januar 1941 an, daß die Summe der bis zum 30. Juni 1942 genehmigten Verteidigungsausgaben die Zahlungskraft des Landes übersteige. Im Januar 1942 meldete eine englische Zeitung aus Neuyork, der Präsident selbst habe Andeutungen darüber gemacht, daß das Defizit für das Finanzjahr 1942/43 etwa 33 Milliarden Dollar ergeben würde gegenüber einem kürzlich (das heißt wohl vor Kriegsausbruch) geschätzten Defizit von weniger als 13 Milliarden bis zum 30. Juni 1943.

Der Administrator der Bundesanleihen, Jesse H. Jones, schrieb bereits am 23. Februar 1941: „Als unausweichliche Folge des vor uns liegenden ungeheuren Programms wird die staatliche Verschuldung schwindelerregende Ausmaße annehmen, was auf Jahre hinaus eine schwere Zinsenlast bedeutet. Die Zinsen einer Schuld von 65 Milliarden Dollar würden bei den gegenwärtigen niedrigen Sätzen fast 1,7 Milliarden betragen."

Die Besorgnis von Mr. Jesse H. Jones klingt merkwürdig, wenn man aus Amerika hört, daß dort Stimmen laut werden, die bisher für Kriegsproduktion Verantwortlichen vor einen Untersuchungsausschuß zu zitieren. Das wären William S. Knudsen und Jesse H. Jones, die, wie berichtet wird, aus Machthunger Fähigere unterdrückten, die Produktion verlangsamten und verteuerten. Damit legten sie dem Volke große Kosten und Steuern auf und schädigten außerdem die Landesverteidigung. Knudsen und besonders Jones sollen befreundeten Fabriken und Konzernen auch unangemessen hohe Preise bewilligt haben. In der Wochenschrift „New Republic" schrieb Michael Straight: „Wenn Leute wie Jesse H. Jones" (aus dem engsten Vertrauenskreis Roosevelts) „an der Macht bleiben, wird der tragische Verlust Hawaiis zur Bedeutungslosigkeit zusammenschrumpfen im Vergleich mit der Produktionskatastrophe. Die große Aufgabe der Materialbeschaffung muß sofort in die Hände einer verantwortlichen Produktionsbehörde gelegt werden, da sonst an einen Sieg nicht zu denken ist."

Das geschah auch durch die Berufung von Mr. Donald Nelson. Aber schon hört man, daß er mit seinem Verfahren, Aufträge besonders an kleinere und mittlere Werke zu geben, die sonst in großer Zahl stillgelegt werden müßten, gegen Mr. Knudsen nicht durchdrang. Dieser vergab im Februar 1942 wieder Riesenaufträge an einige wenige Werke. Zum Beispiel sollen General Motors den Bau von 40 Prozent aller Flugzeugmotoren für die Heereslieferung, von 25 Prozent aller Tanks, die Hälfte aller Lastkraftwagen, die Hälfte aller Maschinengewehre und die Hälfte aller Dieselmotoren für die Kriegsflotte übernehmen.

Man möchte Präsident Roosevelt an seine Rede in Chautauqua vom 14. August 1936, also knapp drei Monate vor seiner zweiten Wahl, erinnern, in der er sagte: „Industrielle und landwirtschaftliche Erzeugung für einen Kriegsmarkt mag ein paar Leute schnell reich machen; der Nation als Ganzes bringt sie Unglück. Wenn nun in einem andern Kontinent wieder ein Krieg ausbrechen sollte, wollen wir der Tatsache offen ins Auge sehen, daß sich bei uns zu Hause Tausende von Amerikanern finden würden, die, in der Sucht nach schnellem Reichtum — Narrengold — unsere Neutralität zu brechen oder zu umgehen versuchten. Dem Geschrei dieser Gier zu widerstehen, wenn es zum Krieg kommt, dazu werden wir die unerschütterliche Unterstützung aller Amerikaner brauchen, die den Frieden lieben."

Mr. Donald Nelson war bisher Direktor eines Konzerns, dessen Aufsichtsratsvorsitzender General Robert C. Wood ist, der einst Vorsitzender des nun aufgelösten American First Committee war. Woods Kenntnis der Wirtschaft ist daher besonders gut und das Interview, das der „San Francisco Examiner" am 12. Januar 1941 von ihm brachte, beachtenswert: „Schon heute betragen die Staatsschulden 50 Milliarden Dollar. Bei den ungeheuren Kosten der heutigen Kriegführung würden sie am Schluß eines Kriegs auf 100 bis 150 Milliarden heraufschnellen. Siegreich oder geschlagen — am

Ende eines solchen Kriegs würden wir mit großen wirtschaftlichen Verschiebungen zu rechnen haben: den Reichen stände eine Vermögensabgabe bevor, den Mittelklassen Verarmung und den Massen Verlust all ihrer sozialen Errungenschaften. Mit andern Worten: völliger Zusammenbruch und Diktatur."

Daß die bisherigen Schwierigkeiten nur der Anfang einer viel ernsteren Lage nach dem Kriege sind, sagte der demokratische Senator Robert E. Reynolds schon Anfang des Jahres 1941 in einer Rede: „Wenn der Krieg vorbei ist, werden wir, ob wir mitmachen oder nicht, den Preis für unsere eigene Nachsicht zahlen, für die Aufhebung des Waffenembargos. Tausende von Fabriken, die heute Kriegsmaterial erzeugen, werden über Nacht stilliegen, und Millionen amerikanischer Arbeiter werden arbeitslos auf die Straße geworfen werden."

Dieses düstere Zukunftsbild ist nicht zu schwarz gemalt, wenn man sich erinnert, daß es Roosevelt schon vor dem Krieg nicht gelang, die Arbeitslosigkeit zu beseitigen. Vorläufig wird sie durch die riesige Ausdehnung der Rüstungsindustrie vermindert. Es besteht dadurch sogar ein Gegenproblem, nämlich der Mangel an Facharbeitern. Schon im Dezember 1940 wurde für eine ganze Reihe von Spezialarbeiten das Drei- bis Dreißigfache der vorhandenen Arbeiter gesucht. Auch das ist eine Frage, die in europäischen Ländern, zum mindesten den nordischen, mit ihren Schulungsmethoden unbekannt ist.

Wer jetzt in den Vereinigten Staaten angesichts des Rüstungsfiebers Arbeit hat, verdient teilweise schon höhere Löhne als bisher. Höhere Löhne aber bringen mit sich die Gefahr der Inflation und des Mangels an Gegenständen des täglichen Bedarfs.

Die „Saturday Evening Post" schrieb am 12. April 1941: „In den Händen der Leute wird mehr Geld zum Kaufen sein denn je. Gleichzeitig wird es aber weniger zu kaufen geben. Und das Ergebnis? Die Preise müssen steigen, wenn sie nicht kontrolliert werden. Die steigenden Preise können uns natürlich von keiner Ware mehr verschaffen. Die Leute mit hohem und mittlerem Einkommen können ihren Bedarf noch decken, indem sie mehr bezahlen, für die Armen aber ist es hart."

Wie die Preise bereits vor Kriegsausbruch gestiegen sind, gab Mrs. Roosevelt selbst auf Grund eigener Ermittlungen im „New York World Telegram" bekannt. Von Ende 1940 bis Ende 1941 erhöhten sich die Preise für Weißbrot um 5, Kartoffeln um 14, Butter um 27, Eier um 26, Milch um 13, Kaffee um 24, Schinken um 35, Zucker und Mehl um je 18, Käse um 27, Fett um 57 Prozent. Fleisch war sogar nach einer Meldung aus der Fleischzentrale Chikago um 100 Prozent gestiegen. Preiserhöhungen wurden auch für alle Bekleidungsstücke, Schuhe, Möbel, wollene Bettdecken, Geschirr und beinahe alle andern Gegenstände des täglichen Lebens berichtet. Seit dem Kriegseintritt sind die Preise weiter gestiegen.

Das Steigen der Preise wird für den Konsumenten noch fühlbarer, weil es mit einer Erhöhung der Steuern einhergeht, durch die die Rüstungsausgaben gedeckt werden müssen.

Der Schatzkanzler Morgenthau hat im März 1942 ein neues Steuerprogramm entworfen, das alles bisher Dagewesene in den Schatten stellt. Es sieht eine Erhöhung des Steueraufkommens für 1942 um 8145000000 auf 20 Milliarden Dollar vor.

Dazu kamen schon im Herbst 1941 zum ersten Male Verbrauchssteuern auf Autos, Rundfunkgeräte, Eisschränke. Der Mittelstand wird also die Hauptlast tragen.

Inzwischen ist die Herstellung von Privatautomobilen gänzlich untersagt worden, da alle Autofabriken Kriegsmaterial erzeugen. Ebenso gibt es Benzin außer für die Heeresfahrzeuge nur noch für Ärzte und für die Allgemeinheit wichtige Fahrten. Dies bedeutet wahrhaft eine Revolution des amerikanischen Lebens! Sie war auch deshalb nötig, weil die Vereinigten Staaten ihre gesamten Gummizufuhren aus Niederländisch-Indien und Britisch-Malaya verloren.

Eine der schwersten Folgen der wirtschaftlichen Störungen

durch einen Krieg wird immer die Inflation sein. Morgenthau sagte zu Beginn des amerikanischen Krieges, das Land habe zwei Kriege zu kämpfen, einen gegen den äußeren Feind, einen gegen die Inflation. Man versucht, der Inflation durch strikte Preiskontrolle, zunächst bei den Farmprodukten, zu begegnen. Bernard M. Baruch, der Finanzberater Wilsons und Roosevelts, will sie mit einem Lohnstopp verbinden und die Steuern weiter erhöhen. In einer Rede einige Monate vor dem Kriegseintritt sagte er u. a.: „Preiskontrolle bedeutet Reglementierung, aber es gibt keinen andern Weg. ... Solange die Löhne rapide steigen, die Waren knapper werden, mehr Geld für weniger Waren geboten wird, steht die Gefahr von Inflationspreisen unmittelbar vor der Tür. Durch erhöhte Steuern muß die Kaufkraft eingeschränkt werden, und die Regierung muß von Einzelpersonen statt von Banken Anleihen aufnehmen, um den gleichen Zweck zu erreichen und wenigstens die festen Gehälter zu schützen. Wenn bei Kriegsende die niedrigen Preise nicht gehalten sind, werden wir vielleicht den Krieg gewinnen, aber den Frieden verlieren."

Der Schatzsekretär Morgenthau warnt besonders die Farmer vor Preiserhöhungen ihrer Produkte, und „New York Herald Tribune" vom 21. September 1941 schreibt dazu, wenn über ein so reiches Land wie die USA. eine Inflation hereinbreche, würde der Name des Mannes, der Staatssekretär des Schatzamts in dieser Zeit gewesen sei, in die Geschichte mit dem gleichen Verdammungsurteil eingehen, das während der Französischen Revolution Necker und die andern für die Assignaten Verantwortlichen getroffen habe. Leider herrsche im Kabinett keine Einigkeit, weil der Landwirtschaftsminister Wickard, um sich bei den Farmern beliebt zu machen, eine gegenteilige Politik verfolge.

Im März 1942 hat sich Präsident Roosevelt selbst in einer Rede an die Farmer gewandt und sie beschworen, den Kampf gegen die drohende Inflationsgefahr aufzunehmen, deren

Schrecken er im einzelnen ausmalt, ohne ein Heilmittel gegen sie angeben zu können. Wenn er ausruft: „Ich wünschte, jemand würde ein besseres Wort für den Begriff ‚Inflation' erfinden", so weiß er wohl selbst, daß die Gefahr damit nicht gebannt wird. Aber er fühlt, daß das Wort allein ein drohendes Gespenst ist.

Der Finanzschriftsteller Leslie Gould schrieb bereits im Januar 1941 die Warnung: „Aufschwung, Inflation, Niedergang, wieder ein Aufschwung und eine endgültige Niedergangszeit. Die Verteidigung wird Milliarden Dollar kosten. Kriegsmaterial ist heute viel teurer als 1917. Sie wird für das ganze Volk harte Arbeit, Opfer und schwere Steuerlast bedeuten."

Die Zeitschrift „Friday" brachte am 24. Mai 1940, also schon vor dem Englandhilfsgesetz, einen Aufsatz, der Gedanken enthält, die auch heute gelten. Er trägt den Titel „Wem nützt der Krieg?" und heißt: „Im letzten Krieg gab es mehr als 8 Millionen Tote und über 21 Millionen Verwundete und Verkrüppelte, dafür aber — allein in den Vereinigten Staaten und in dem einen Jahr 1917 — 18000 neue Millionäre. In demselben Jahr erhöhte sich bei fast 70 amerikanischen Gesellschaften der Gewinn um 300 Prozent. Zugleich sank der Reallohn beträchtlich, da die Lebensmittelpreise während der Kriegszeit um 50 bis 100 Prozent stiegen. Es ist oft gesagt worden (es herrscht tatsächlich fast Einmütigkeit darüber), daß der Hauptgrund für Amerikas Eintritt in den Weltkrieg war, daß die amerikanische Industrie einen solchen Anspruch auf den Sieg der Alliierten, ein solches Besitzinteresse an einem britisch-französischen Sieg erworben hatte, daß sie sich die Niederlage der Alliierten nicht leisten konnte. Großenteils aus diesem Grunde sind 126000 Amerikaner gefallen und 234300 verwundet worden, und das in der kurzen Spanne unserer Teilnahme an diesem Krieg, der dem Krieg ein Ende machen, der die Welt für die Demokratie sichern sollte. ... Schon 1917 hatten wir ein so großes finanzielles Interesse an dem Krieg, daß Walter Hines Page, der amerikanische Botschafter in England, am 5. März an Präsident Wilson telegraphierte: ‚Der Druck der herannahenden Finanzkrise übersteigt nunmehr die Leistungsfähigkeit des Einsatzes des Hauses Morgan für die britische und die französische Regierung. ... Es ist nicht unwahrscheinlich, daß der einzige Weg, um unsere hervorragende Handelslage aufrechtzuerhalten und eine Panik zu vermeiden, die Kriegserklärung an Deutschland darstellt.‘ Und kurz vorher war Wilson unter der Parole ‚er hat uns aus dem Krieg herausgehalten‘ gewählt worden.

„Während einige wenige dicke Gewinne einstreichen und dadurch die Zukunft des gesamten amerikanischen Volkes verpfänden, haben nach der amtlichen Statistik zwei Drittel aller amerikanischen Familien ein Jahreseinkommen von 825 Dollar, obwohl das Mindesteinkommen einer vierköpfigen Familie, wenigstens in den Städten, 1216 Dollar betragen muß, wenn sie gesund bleiben soll. In Neuyork, dem reichsten Bundesstaat, betrug der durchschnittliche Monatslohn im letzten Jahr 92 Dollar, obwohl eine fünfköpfige Familie 215 Dollar im Monat braucht, um gesund und anständig leben zu können (nach dem Arbeitsdepartement der Vereinigten Staaten). Das Durchschnittsjahreseinkommen betrug 1937 in den Südstaaten nur 314 Dollar.

„In gewissem Sinne lautet die Frage: Wofür will das amerikanische Volk sein Geld ausgeben — für das Leben oder für den Tod? Ein Schlachtschiff zum Beispiel kostet 80 Millionen Dollar. Für ein einziges solches Schiff könnten etwa 125785 Menschen die Jahresunterstützung von 636 Dollar erhalten. 700000 Arbeiter sind in diesem Frühling aus dem Arbeitsbeschaffungswerk entlassen worden, und 1250000 Berechtigte warten verzweifelt auf ihre Aufnahme, weil sie keine freie Arbeit finden können. Statt dessen sind 51 Kriegsschiffe geplant, mit einem Gesamtaufwand von 1082 Millionen Dollar. Mit diesem Gelde könnte man 1707257 Arbeitslosen ein Jahr lang Unterstützung zahlen."

Daß alle diese Angaben nicht übertrieben sind, wurde von Roosevelt, wenn auch mit andern Worten, bestätigt, als er erklärte, daß ein Drittel der Bevölkerung der USA., des reichsten Landes der Welt, schlecht wohnt und schlecht gekleidet und ernährt ist. Diese Worte Roosevelts finden eine Bestätigung durch Senator Paul V. McNutt, der Direktor des „Federal Security Board" ist, also des großen von Roosevelt geschaffenen Sozialversicherungssystems. Er äußerte im Mai 1941: „Fünfundvierzig Millionen Männer, Frauen und Kinder in den Vereinigten Staaten entbehren die Nahrungsmittel, die, wie wir wissen, für die Erhaltung der Gesundheit am wesentlichsten sind."

Die Äußerungen der beiden Männer, die an erster Stelle berufen sind, über die sozialen Verhältnisse des amerikanischen Volks ein Urteil abzugeben, werden durch Berichte von amerikanischen Beamten unterstrichen, die den Gesundheitszustand junger Amerikaner, die ins Heer eingezogen werden, zu beurteilen haben. Auch die Neuyorker Zeitung „P. M." kann bei aller Begeisterung für den Kriegseintritt ihre Besorgnisse nicht verbergen und schreibt am 28. April 1941 über die Untersuchungen im Lower Manhattan-Hospital: „Es war ein trauriges Schauspiel. ... Wir sahen junge Leute von 25 Jahren, die wie vierzigjährige aussahen, und andere mit so unentwickelter Gestalt, daß sie kaum dem Kindesalter entwachsen zu sein schienen. Die Blüte der amerikanischen Jugend! ... Etwa 40 Prozent der Untersuchten mußten zurückgewiesen werden, und weitere 30 Prozent waren wegen körperlicher Mängel nur begrenzt tauglich. ... Es besteht kaum ein Zweifel daran, daß die Slums, daß Jahrzehnte Depression, die nachteiligen Folgen zu langer, zwangsmäßiger Arbeitslosigkeit, schlechte Ernährung, ungenügende medizinische und sonstige gesundheitsmäßige Vorsorge oder auch die Unmöglichkeit, sich solcher Dienste aus eigenen Mitteln zu bedienen, ihren Anteil daran haben."

Trotz dieser Verhältnisse erklärte Anfang November 1941 der Leiter der Lebensmittelabteilung des Bundes-Sozialamtes, die Lebensmittelbeihilfe für Bedürftige müsse noch während des Winters eingestellt werden, weil die Überschüsse, aus denen sie geleistet wurden, mit Ausnahme des Weizens verschwunden seien. Im Mai wurde bereits die Abgabe verbilligter Butter für Minderbemittelte eingestellt, da der Überschuß nach England geschickt wurde.

Das Bild, das die Wirtschaft des reichsten Landes der Welt vor dem offiziellen Kriegseintritt bietet, war also durchaus unerfreulich. Wesentlich ernster sieht es aber nach Eintritt Amerikas in den Krieg aus, denn nun macht sich die Rohstoffabhängigkeit der Vereinigten Staaten von der übrigen Welt, insbesondere vom Fernen Osten, erst bemerkbar. Zwar macht man viele Anstrengungen, dafür an andern Stellen und im eignen Lande Ersatz zu schaffen, aber das kostet Zeit, wenn es überhaupt durchführbar ist.

Auch die Goldpolitik, die die Vereinigten Staaten seit Jahren betrieben, wird ihnen die verlorengegangenen Rohstoffe nicht ersetzen. In den Hügeln von Kentucky liegt, bewacht von amerikanischen Soldaten, Fort Knox und in seinen unterirdischen Kellern drei Viertel des Goldes der gesamten Welt, aus Europa dorthin verbracht. Wir alle kennen die Sage vom König Midas aus dem Altertum, dem alles, was er berührte, zu Gold wurde und der schließlich daran erstickte. In dieser Lage befindet sich nun auch Roosevelts Amerika, ja, in einer schlimmeren, denn es beschwor durch seine Goldhortung die wirtschaftliche Revolution der Welt herauf. Der vielgelesene amerikanische Schriftsteller Carleton Beals sagt darüber in seinem Buch „Pan-America", New York, Houghton Mifflin Company, 1940: „Der Goldaufkauf hat uns nicht einmal vor der Depression gerettet, nun bedroht er uns mit der wildesten Inflation in unserer Geschichte“, und „Länder, die kein Gold besaßen, fanden, daß ihnen der Handel mit den Vereinigten Staaten in zunehmendem Maße unmöglich gemacht wurde. Der Goldaufkauf erwies sich als Waffe gegen die goldarmen Länder Deutschland und Italien und, in nicht ganz so weitem Umfange, auch Japan lange vor dem Ausbruch der Feindseligkeiten in andern Kontinenten. Mit ihm versetzten wir Deutschland den härtesten Schlag seit Versailles. ... Für uns wurde es notwendig, den Versuch zu machen, unsere beiden früheren Alliierten vor dem revolutionären Schicksal Rußlands und Deutschlands zu bewahren. Unsere Goldpolitik wirkte sich für sie als ständige Subvention aus. Damit aber machten wir den neuen Krieg nur um so unvermeidlicher. ... Nichts anderes in den internationalen Angelegenheiten verursachte den Krieg so direkt wie die amerikanische Politik des Aufkaufs von Gold. ... Die goldene Internationale Englands sowie die seiner früheren Freunde, Frankreichs und der Niederlande, kann nie wieder auferstehen. Wie immer auch das Ende des Kriegs sein wird, England und Frankreich werden gezwungen sein, ihre Wirtschaft als totale umzugestalten und damit rücksichtslos die amerikanische Wirtschaft zu bekämpfen.“ Man sagt, in den Vereinigten Staaten wird viel Wert auf die öffentliche Meinung gelegt. Warum hat man diese warnende Stimme überhört?

Interessant ist ein Artikel der amerikanischen Zeitschrift „Time“ vom 19. Januar 1942 „Wenn Sie es in Zahlen sagen“. Der Inhalt ist in kurzen Worten: Roosevelt habe gesagt, die Vereinigten Staaten seien fest entschlossen, jeden Preis für die Erhaltung der amerikanischen Lebensform zu zahlen. Der Preis sei nicht gering, denn die letzten Steuererhöhungen betrügen 7 Milliarden Dollar, wozu noch 2 Milliarden für Sozialversicherung kämen. Auf keiner der 1172 Seiten des Haushaltsplanes hätten die bedrängten Gemüter der USA.-Steuerzahler einen Lichtblick gefunden — es sei denn, sie freuten sich darüber, daß 161425 Dollar für den Hohen Kommissar der Philippinen und 39450 Dollar für die Aussätzigenlager auf der Insel Guam eingespart werden könnten! Der Artikel übt dann eine gleich scharfe Kritik am Kriegsproduktionsamt Mr. Knudsens, wie wir es vorhin schon von anderer Seite hörten. Er habe die Umstellung der Automobilindustrie um Monate verschleppt, jetzt müsse sie plötzlich kommen, weil es an Gummi fehle, inzwischen aber seien 400000 Arbeiter, für die noch keine andere Arbeit vorgesehen, brotlos geworden, und es bestände eine starke und verständliche Spannung zwischen Arbeitern und Arbeitgebern. Sogar Mrs. Roosevelt habe öffentlich gefragt, ob Mr. Knudsen wisse, was Hunger sei, und wörtlich hinzugefügt: „Die Langsamkeit unserer leitenden Männer, ihre geringe Voraussicht, ihre Unfähigkeit, zu erkennen, was notwendig kommen muß, trägt an den Zuständen die Schuld."

Dieser Bericht stammt aus dem Januar 1942, also den ersten Kriegswochen. Er wird die Stimmung derer nicht erhöhen, die sich zu Anfragen geäußert haben, die die Zeitschrift „Fortune" im Dezember 1941, also in letzter Stunde, veröffentlichte. An der Umfrage beteiligten sich leitende und kleine Angestellte, Studenten, Land- und Fabrikarbeiter, Hausfrauen, Arbeitslose, Neger. Nur einige Ergebnisse kann ich mitteilen: 69,9 Prozent der Gefragten waren der Meinung, daß man in den Vereinigten Staaten nach dem Kriege — und zwar nach einem siegreichen Kriege wohlgemerkt — mehr arbeiten müßte als bisher, 18 Prozent hofften, es würde bei der jetzigen Arbeitszeit bleiben, nur 5 Prozent hofften auf leichtere Zeiten. Unter der ersten Gruppe bildeten die Menschen aus den höheren Einkommengruppen die Mehrheit. Dabei glaubten nur 10 Prozent, daß nach dem Kriege die Löhne höher, aber 60,5 Prozent, daß sie niedriger sein würden. Die erste Gruppe bestand zumeist aus Negern und Arbeitslosen, die sich noch niedrigere Löhne als bisher nicht vorstellen konnten. Dazu muß man wissen, daß die Neger für Hungerlöhne arbeiten müssen, besonders in den Südstaaten, obwohl es den Grundsätzen der Demokratie widerspricht. Theoretisch haben sie die gleichen Rechte wie Amerikaner aller Abstammungen. Aber nur theoretisch. Nur in einem sind sie gleichgestellt, sie dürfen auch ihr Blut im Krieg vergießen. Gerade wurde eine nur aus Negern bestehende Division aufgestellt und zwei Flugzeuggeschwader mit farbiger Besatzung. Die höheren Offiziere aber sind Weiße.

Eine weitere interessante Frage der „Fortune"-Abstimmung war: „Glauben Sie, daß die Berufsaussichten Ihres Sohnes besser oder schlechter sein werden als die, die Sie hatten?" Die Zeitschrift hatte die gleiche Frage schon einmal, im Februar 1940, gestellt und veröffentlichte beide Ergebnisse mit dem Hinzufügen, daß nur Väter und Mütter gefragt wurden, keine Unverheirateten. Es ist erschütternd zu sehen, wieviel hoffnungsloser die Eltern jetzt in die Zukunft blicken gegenüber dem gedämpften Optimismus, den sie vor fast zwei Jahren besaßen, als noch die Aussicht bestand, daß der Präsident sie aus dem Kriege heraushalten würde. Auf bessere Zukunftsaussichten hofften 1940 noch 60, Ende 1941 nur noch 37 Prozent. 1940 dachten 15, 1941 über 30 Prozent der Eltern, daß ihre Kinder es weniger gut haben würden als sie. Nur 19 Prozent gegenüber 10 Prozent vor zwei Jahren erwarteten wenigstens die gleichen Chancen für ihre Kinder, wie sie ihnen geboten waren. Wie wenig paßt dieser Pessimismus zu den von Roosevelt verkündeten Freiheiten von Furcht und Not.

Die nächste Frage ist die nach der Kriegsdauer, wobei die Antwortenden ausdrücklich ermahnt werden, realistisch zu denken und leere Hoffnungen beiseite zu lassen. Wie nicht anders zu erwarten, haben 22 Prozent mit „ich weiß nicht" geantwortet. Nur 5,9 Prozent warfen den Einfluß der USA. und gar nur 1,4 Prozent den Rußlands auf die Kriegsdauer in die

Waagschale. Nur 5,5 Prozent sahen eine Kriegsdauer von unter einem Jahr voraus, 14,5 Prozent eine solche von 1 bis 2 Jahren und über die Hälfte aller Befragten eine weit längere, von denen 37,8 Prozent überzeugt waren, daß der Krieg 2 bis 5 Jahre, immer noch 9,7 Prozent, daß er sogar 5 bis 10 Jahre andauern würde. Die „Fortune"-Redaktion bemerkt dazu mit Recht, daß die vorher mitgeteilten pessimistischen Ansichten über die Nachkriegszeit für die USA. von den gleich pessimistischen über die vermeintliche Kriegsdauer beeinflußt seien, denn jeder sei sich darüber klar, daß die Rückkehr zur Friedenswirtschaft immer schwerer werde, je länger der Krieg sich hinziehe. Das war also die Stimmung eines Durchschnitts der Amerikaner verschiedener Stände in allen Landesteilen kurz vor dem Kriegseintritt, und demgegenüber hat es nicht viel zu bedeuten, daß eine sehr große Mehrheit auf die Frage über die Siegesaussichten für die Alliierten Hoffnungen hegte.

Wichtig ist noch die Frage nach der Stimmung in der Armee. Die im Sommer 1940 Eingezogenen waren alles andere als fröhlich in die Rekrutenlager gezogen. Damals bestand noch die Bestimmung, daß verheiratete Männer vom Dienst befreit würden, und eine unvorstellbare Heiratswelle ging über das Land. Bei den Schnelltrauungen vor dem Zivilbeamten schlossen junge Männer und Mädchen den „Bund fürs Leben", die sich erst vor wenigen Stunden kennengelernt hatten. Als Roosevelt die Dienstzeit von 12 auf 18 Monate erhöhen ließ, immer noch im Frieden, den er angeblich erhalten wollte, kam es zu ernsten Auflehnungen in den Lagern, denn Friedensdienstpflicht war in den USA. bisher unbekannt, und die Eingezogenen beklagten die „verlorene Zeit". Das Mittel, mit dem der Präsident der Demokratie sein Ziel erreichte, ist ungewöhnlich. Kurz vor Einbringung des Gesetzes sandte er 58 Abgeordnete, und zwar gerade die, auf deren Einwilligung er nicht hoffen konnte, zu einer Studienfahrt nach Südamerika, wo sie ihr Stimmrecht nicht ausüben konnten.

Über die Moral, die disziplinarische wie die sittliche, in den Rekrutenlagern und den benachbarten Einrichtungen klagten viele ernsthafte Beobachter in einer Reihe amerikanischer Zeitschriften. Jetzt im Ernstfall werden sich auch die amerikanischen Soldaten gewiß bewähren. Niemals können sie aber mit der Überzeugung und Begeisterung kämpfen wie die Deutschen, die sich für Leben und Freiheit ihres Volkes opfern. Für alles Geld der Welt kann Roosevelt nicht in ein paar Jahren eine Armee schaffen, vergleichbar mit der deutschen, deren Ausbildung und Geist auf der Tradition von Jahrhunderten beruht. Trotz aller Produktionszahlen und Geldbewilligungen war die amerikanische Armee für die Manöver im Herbst 1941 mit Maschinengewehren und Kanonen aus Holz, Tanks aus Pappeattrappen ausgestattet — wie die deutsche Reichswehr nach der Entwaffnung von 1919. General L. J. McNair erklärte nach den Manövern, daß nur zwei Divisionen voll kriegsbereit wären.

Die ganze Armee bestand noch 1940 aus 250000 Mann. Nun sieht das amerikanische „Victory-Program" für den Angriff auf Deutschland ab Mitte des Jahres 1943 eine Heeresstärke von 6745658 Mann in 215 Divisionen vor. Wie will Roosevelt diese so ausbilden und bewaffnen, üben und drillen, daß sie die kriegserprobten Heere Deutschlands, Italiens, Japans, Rumäniens, Ungarns, der Slowakei und Finnlands besiegen können?

Im gegenwärtigen Krieg haben Deutschland und seine Verbündeten bisher stets in überraschend kurzer Zeit Siege errungen, die niemand für möglich hielt. Die Hauptfeinde, Großbritannien und Rußland, wehren sich noch tapfer und zäh. Die andern Gegner sind überrannt worden, auch wenn sie stark gerüstet waren.

Die Bevölkerung der Vereinigten Staaten hat sich oft gerühmt, daß sie über die Geschehnisse in Europa weit besser unterrichtet sei als die Bewohner der kriegführenden Länder Europas, die nur erführen, was ihre Regierungen erlaubten. Sie aber, die Amerikaner, könnten stündlich durch ihre Berichterstatter für Presse und Rundfunk die unverfälschte und unverkürzte Wahrheit aus aller Welt hören und daraus selbst ihre Schlüsse ziehen. Wäre es so, dann hätten sie nicht nur die ihnen angenehmen Nachrichten aufnehmen müssen, sondern in gleichem Maße die bitteren Wahrheiten hören. Zu diesen gehört ein Aufsatz des langjährigen Korrespondenten des International News Service in Berlin, Huss, der im Februar 1942 im „Cosmopolitan" über das berichtete, was er auf den europäischen Kriegsschauplätzen gesehen hatte. Danach stände für die USA. eins fest: wollten sie den Krieg gewinnen, dann müßten sie das Höchste sowohl nach außen wie nach innen aus dem amerikanischen Volk herausholen. Man dürfe nicht glauben, leichthin einen „kleinen Krieg" führen zu können, oder davon träumen, daß Deutschland schnell knockout geschlagen würde. Auch würden die Deutschen durch verstärkte Bombenangriffe nicht auf die Knie gezwungen oder selbst Revolution machen. Der totale Krieg des 20. Jahrhunderts erfordere gleichwertige Armeen, Erfahrung, Disziplin, Opferbereitschaft und beste Führung. Der deutsche Soldat „erzittere nicht in seinen Schuhen und werfe seine Waffen fort, wenn sich ihm ein khakigekleideter Soldat Onkel Sams von ferne zeige". Auch über die angedrohten Landungsversuche durch amerikanische Truppen in Europa urteilte er, nachdem er Gelegenheit hatte, die deutschen Befestigungsanlagen an den Küsten des Kanals und des Atlantischen Ozeans zu sehen, „daß jeder Versuch der verbündeten Nationen, dort an irgendeiner Stelle zu landen, mit astronomischen Verlustziffern für den Angreifer enden würde".

Nehmen wir aber einmal an, daß der Kampf unentschieden endet. Auch dann werden die Folgen für Amerika unabsehbar sein. Amerika muß sich damit abfinden, daß es, wie Lindbergh einst sagte, „stark genug ist, unsere eigene Lebensweise aufrechtzuerhalten, aber nicht stark genug, sie Europa und Asien aufzuzwingen".

Amerika hat verkannt, daß in der Alten Welt etwas vollständig Neues im Werden ist, eine Entwicklung, die sich durch starres Festhalten am Alten nicht aufhalten läßt und auch viele junge Geister in Amerika anzog. In der Neuen Welt dagegen scheint ein Stillstand eingetreten zu sein, ein Festhalten an alten Begriffen, überlebten Formen und überlieferten Denkweisen, die der jungen Generation nichts mehr bedeuten. Es fehlt, wie ein junger Student es ausdrückt, etwas, wofür es zu arbeiten lohnt, wonach man sich sehnen kann, für das Leben des einzelnen sowohl wie für das des Landes.

Wenn der Krieg zur Niederlage Amerikas oder nur zu einem unentschiedenen Ausgang führt, dann würde eintreten, was besorgte Stimmen des amerikanischen Volkes aussprechen, Vertreter im Kongreß und Senat, Arbeiterführer und große Geschäftsleute, christliche Kirchenführer, Weltkriegsveteranen und Jugenderzieher, die Jugend selbst — und besonders ihre Mütter. Dann werden die apokalyptischen Reiter auch über den Kontinent zwischen dem Atlantischen und dem Pazifischen Ozean dahinrasen und Tote, Verwundete, Trauernde und Verarmte zurücklassen als Opfer der Diktatur einer kleinen machthungrigen Minderheit. Wie vielen wird sich dann der Gedanke aufdrängen, wie anders alles gekommen wäre, hätte Präsident Roosevelt von seinem Amtsantritt im Januar 1933 an eine entgegengesetzte Politik, die Politik wahrhaften Friedens, verfolgt.

Schon einmal habe ich von der Aussöhnung gesprochen, die sich nach dem ersten Weltkrieg zwischen Deutschland und den Vereinigten Staaten anbahnte. Achtung und Freundschaft waren im Wachsen. Viele Amerikaner hatten erkannt, daß der Krieg ihnen nichts Gutes gebracht, daß der Versailler Vertrag mit allen seinen Folgen Deutschland ein Unrecht angetan, das sich an der ganzen Welt rächte. Nun ergriff in Deutschland ein Führer das Staatsruder, der sein Land von diesen Folgen befreien wollte. Was wäre natürlicher gewesen, als daß Amerika, das selbst von diesem Vertrag tief enttäuscht war, ihm die Hand geboten hätte, daß vor allem der Präsident, der sein Land aus den chaotischen wirtschaftlichen Zuständen der Nachkriegszeit retten wollte, dem Mann Vertrauen entgegengebracht hätte, der sein Volk retten wollte. Die Aufgaben beider Staatsmänner waren in vielem ähnlich. Zusammen konnten diese beiden Länder, jedes in seinem Weltteil, viel Fruchtbares und Segensreiches schaffen, das auch andere junge und alte Staaten überzeugt und mitgerissen hätte. Der Führer Deutschlands hat seine Bereitschaft dazu erklärt. Roosevelt hätte dazu bereit sein können, wenn er der Tradition des ersten amerikanischen Präsidenten, sich jeder Einmischung in nichtamerikanische Verhältnisse zu enthalten, gefolgt wäre, und wenn er auf die ungezählten Stimmen seiner eigenen Landsleute gehört hätte, die zum Frieden mahnten. Er aber hörte nur auf die Stimmen einer mächtigen Minderheit und entfesselte den Krieg.

Roosevelt redete von der Demokratie und verriet sie ohne Unterlaß. Er schmähte die, die um des Friedens und der Aufrechterhaltung der amerikanischen Lebensform willen ihn zur Umkehr mahnten, als undemokratisch und unamerikanisch. Er machte die Demokratie zu einem Zerrbild statt zu einem Vorbild. Er sprach von der Redefreiheit und verbot denen, die nicht seiner Meinung waren, den Mund. Er sprach von Glaubensfreiheit und schloß ein Bündnis mit dem Bolschewismus, sandte einen Beauftragten an den Vatikan, um seine katholischen Wähler zu fangen, und ließ selbst keinen Päpstlichen Nuntius in Washington zu. Er sprach von der Freiheit vom leiblichen Mangel und konnte mehr als zehn Millionen keine Arbeit schaffen, kein Brot, kein Obdach. Er sprach von der Freiheit von Furcht vor künftigen Kriegen und bereitete den

Krieg nicht nur für sein eigenes Volk vor, sondern für die Welt, indem er die, die ohne seine Hilfe vielleicht bereit gewesen wären, sich mit den Achsenmächten zu einigen, zum Widerstand gegen sie aufhetzte und so Millionen in den Tod trieb.

Dieser Krieg wird in die Geschichte eingehen als der Krieg des Präsidenten Roosevelt.

SCHLUSSWORT

Wenn Soldaten der Neuen Welt nach Europa fliegen, wird sich vielleicht ein oder der andere, dessen Geschlecht seine Wurzeln in deutschem Boden hat, der Worte Bismarcks erinnern, die er 1890 beim Empfang einer Deputation von Deutschamerikanern sprach:

„Das freundschaftliche Verhältnis zwischen Deutschland und den Vereinigten Staaten ist wie ein Vermächtnis Friedrichs des Großen seit jener Zeit von der preußischen Politik immer wieder hochgehalten worden. Deutschland und Nordamerika gehören zu den Staaten, die so glücklich sind, nicht nötig zu haben, sich in ihren gegenseitigen Beziehungen um etwas zu beneiden."

Seit den Tagen Friedrichs des Großen und des amerikanischen Freiheitskrieges hat Deutschland an diesem Grundsatz unverbrüchlich festgehalten. Im Krieg zwischen Deutschland und dem Bolschewismus will Amerika nach Niederkämpfung des Bolschewismus das Erbe übernehmen, Deutschland zu zerschmettern.

Es wäre ein Irrtum, zu glauben, daß das Deutschland von heute dasselbe sei wie im November 1918 oder in den Tagen des Versailler Friedens. Schon Treitschke, der große Geschichtschreiber, zitiert aus einer Thronrede König Wilhelms von Preußen:

„Hat Deutschland Vergewaltigungen seines Rechts und seiner Ehre in früheren Jahrhunderten schweigend ertragen, so geschah es nur, weil es in seiner Zerrissenheit nicht wußte, wie stark es war."

Jetzt weiß Deutschland das! Es wird trotz der übermenschlichen Anstrengungen aushalten. Seine Äcker können von der Luft aus nicht zerstört werden. Seine Industrie befindet sich auf dem Wege nach Osten. Wenn selbst Malta, das allerdings eine Felsenfestung ist, mit zweitausend Flugangriffen in zwei Jahren nicht bezwungen werden konnte, so wird Deutschland aushalten, bis das amerikanische Volk eines so vergeblichen Unternehmens überdrüssig wird. Daß von Grund aus zerstörte Städte im Verlauf einiger Jahre neu aufgebaut werden können und schöner und besser wiedererstehen als vorher, haben wir bei dem Erdbeben in San Franzisko 1906 und bei dem furchtbaren Erdbeben erfahren, das am 1. September 1923 Yokohama und Tokio vernichtete.

Ich habe dieses Buch nicht als Feind Amerikas geschrieben. Die zwei Jahre, die ich in den Vereinigten Staaten gewesen bin, gehören zu den glücklichsten meines Lebens. Mit Schmerz und Kummer habe ich die Politik Amerikas in diesem Krieg beobachtet und klar und offen meine Gedanken darüber ausgesprochen. Bis zuletzt hatte ich gehofft, der größte Staatenbund der Westlichen Hemisphäre würde die Macht werden, die die Alte Welt von dem namenlosen Unglück errettet, das jetzt alle Völker zerfleischt und zerreißt. Welch ein Trost wäre es für unsere arme Erde gewesen, wenn Amerika in den Kampf der Kontinente nicht mit neuen Hekatomben von Waffen eingetreten wäre, sondern mit Friedenspalmen in den Händen!

INHALT